汽车钣金喷漆技术彩色教程

QICHE BANJIN PENQI JISHU CAISE JIAOCHENG

陈甲仕◎主编

机械工业出版社
CHINA MACHINE PRESS

本书采取“理论知识+技能演示+操作视频”的方式编排内容，主要内容覆盖汽修厂经常遇见的钣金和喷漆项目。本书分为23个项目，包括钣金和喷漆设备及工具，以及钣金和喷漆的操作方法和技巧。

本书的图片及视频均来自一线维修厂，简单实用，易学易懂。本书可作为汽车院校师生实训指导用书，也可供从事或准备从事汽车钣金和喷漆工作的广大读者学习使用。

图书在版编目（CIP）数据

汽车钣金喷漆技术彩色教程 / 陈甲仕主编 . —北京：机械工业出版社，2019.8（2025.3 重印）

ISBN 978-7-111-62744-9

Ⅰ . ①汽…　Ⅱ . ①陈…　Ⅲ . ①汽车—钣金工—教材②汽车—喷漆—教材　Ⅳ . ① U472.4

中国版本图书馆 CIP 数据核字（2019）第 092311 号

机械工业出版社（北京市百万庄大街 22 号　邮政编码 100037）
策划编辑：杜凡如　责任编辑：谢　元　丁　锋
责任校对：潘　蕊　封面设计：鞠　杨
责任印制：单爱军
北京虎彩文化传播有限公司印刷
2025 年 3 月第 1 版第 6 次印刷
184mm × 260mm · 10.75 印张 · 269 千字
标准书号：ISBN 978-7-111-62744-9
定价：65.00 元

电话服务	网络服务
客服电话：010-88361066	机　工　官　网：www.cmpbook.com
010-88379833	机　工　官　博：weibo.com/cmp1952
010-68326294	金　　书　　网：www.golden-book.com
封底无防伪标均为盗版	机工教育服务网：www.cmpedu.com

前言

随着汽车保有量的持续增长，汽车剐碰现象也越来越多。剐碰不仅影响车身的美观，还会影响驾驶人的心情，因此一般都会进行钣金和喷漆修复。由此，汽车钣金和喷漆修复的业务量越来越大，从而导致汽车修理厂的钣金和喷漆技术人员越来越紧缺。为了使广大从事汽车钣金和喷漆的人员更快地进入工作角色，提高技术和实践水平，特编写《汽车钣金喷漆技术彩色教程》，以满足大家学习的需求。

本书采取“理论知识＋技能演示＋操作视频”的方式编排内容，知识点覆盖了汽车修理厂经常遇见的钣金和喷漆项目，包括钣金和喷漆设备及工具，以及钣金和喷漆的操作方法和技巧。本书理论与实际相结合，彩图与视频融合，让读者学得更快、学得更精，是一本不可多得的钣金和喷漆实用教程。

本书的图片及视频均来自一线维修厂，易学实用、通俗易懂，能够学以致用（操作演示是实景拍摄，仅供参考，建议本人操作时遵守安全防护规定）。本书可作为汽车院校师生实训指导用书，也可供从事或准备从事汽车钣金和喷漆工作的广大读者学习使用。

本书由陈甲仕任主编，参加编写的人员还有陈科杰、陈柳、黄容。本书在编写过程中，得到了许多汽车维修企业以及广大技师朋友的大力支持和协助，在此表示诚挚的感谢！

由于编者水平有限，书中难免有不足之处，恳请广大读者批评指正，以便再版时补充完善。

编　者

目 录

项目一　钣喷设备及工具认识

一、钣金设备及工具

1. 认识钣金设备的类型及作用

汽车钣金设备主要包括车身外形修复机、二氧化碳气体保护焊机、铝焊机、车身大梁校正设备等。

（1）车身外形修复机

车身外形修复机又叫整形机（图 1-1），它是汽车车身蒙皮件专修设备，它可以焊接垫圈、焊钉、螺柱、星形焊片等，然后进行拉伸操作。此外，它还可以使用铜触头和碳棒进行收缩操作。

车身外形修复机操作方法如下：

1）首先将需要修复的车身凹陷部位，用砂轮机将油漆、锈蚀打磨干净。

2）如图 1-2 所示，把搭铁线连接到离车身损伤部件较近的地方。

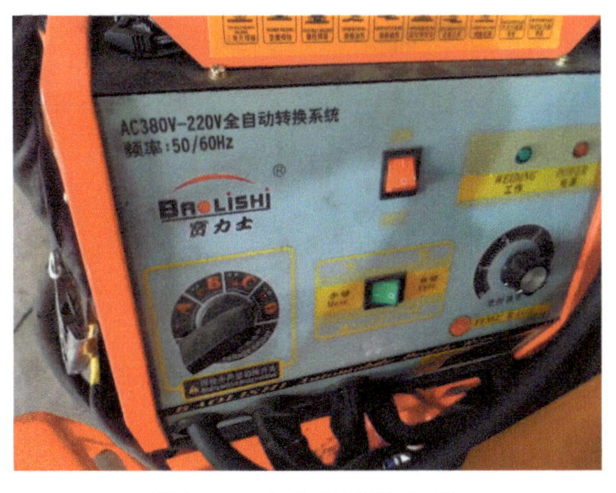

图 1-1　车身外形修复机

图 1-2　连接搭铁线

3）如图 1-3 所示，调节开关控制面板中主要有电流调节器、状态选择开关、时间调节器。使用时，将状态选择开关选择“自动”，时间调节器调到 0.2~0.4s，电流调节器调到 B 档或 C 档，时间及电流调节视板厚而定。

4）打开电源，在配备的介质夹头上夹好垫圈并按在金属钣金件上，按住手柄开关，待时间到达后，即可焊好一个垫圈。

5）用拉力锤钩住垫圈往外敲打，直至把凹陷的部位修复。如图 1-4 所示，当损伤为沟槽型时可使用波纹线及波纹线焊接枪头焊接，再用爪式拉具向外拉拔。也可将垫圈焊成一条直线，在孔中穿上铁棒，用牵引工具向外拉拔进行拉伸修复。

图 1-3　调节开关控制面板

图 1-4　焊接波纹线

6）完成后需要拆除使用过的垫圈时，用介质夹头夹住垫圈，然后左右拧一下垫圈就可以轻松地将其拆下来。

7）拉伸修复操作完成后，用砂轮机将凹凸面轻轻磨平。

8）对金属钣金件上去除涂层的部分进行防腐处理。

注意：金属钣金件上焊点的反面和搭铁都要进行处理。

（2）二氧化碳气体保护焊机

在汽车车身修复过程中，二氧化碳气体保护焊机是最常见的一种焊接设备（图 1-5），它使用焊丝进行焊接，焊丝和电极以一定的速度自动进给，在母材和焊丝之间出现短弧，短弧的热量使焊丝熔化，将母材连接起来。

二氧化碳气体保护焊机的操作方法如下：

1）连接电源　检查电源的电压与频率是否与设备标牌上参数一致，按照说明书的规定，将电源与插座相连。

2）安装气瓶　检查确认气瓶内气体是否适用于被焊钣金件材质，然后将气瓶置于焊机后部专用托扳上，并用索链固定，也可将气瓶安装在柱子、墙壁上。连接气管并进行紧固，打开气阀查看是否有漏气现象。

3）安装焊枪　将焊枪接头插入焊机正面接口上，并将针形连接器一起接好。将搭铁安放在待焊接部位较近的清洁表面上，形成一个从焊机到钣金件再回到焊机的焊接回路。

图 1-5　二氧化碳气体保护焊机

4）选择并安装焊丝　首先要根据焊接材料来选择相应的焊丝。通常焊丝盘上刻有字母 U 的为铝焊丝，刻有字母 V 的为普通焊丝。然后将焊丝安装到送丝盘即可。

（3）铝焊机

铝焊机（图 1-6）采用低电压大电流，将电能通过电弧瞬间转换为热能，采用高纯度氩气作为焊接时的保护气体，避免焊接时产生气孔、杂质，同时交流氩弧焊和二氧化碳气体保护焊均具有一定的阴极清理功能，可以直接去除铝及铝合金上的氧化膜。

图 1-6　铝焊机

由于铝焊机体积小，操作简单，使用方便，焊接效率高，焊缝成形好，熔深大，能焊透铝及铝合金钣金件达到优质的结合效果，且焊接强度同母材质同等，密封性好，从而在现代汽车钣金技术中应用广泛。铝焊机在焊接过程中会产生弧光，弧光中含有红外线、紫外线，同时也会产生金属蒸气和烟尘等有害物质，钨极氩弧焊中的钨棒含有少量放射性元素，所以必须做好防护措施，另外由于采用氩气作为保护气体，不宜在有风的焊接场所操作。

（4）车身大梁校正设备

车身大梁校正设备分为台架式校正仪和地框式校正设备，具体说明如下：

1）台架式校正仪　台架式校正仪牵引拉塔可沿工作台轨道作 360° 旋转，所以台架式校正仪可以同时进行任意方向的校正作业。台架式校正仪不仅可以方便地固定车身，作业前的检测、校正过程中参数的校核、竣工验收的质量评价等测量工作，都可以在台架上依次完成，所以校正操作过程中位移误差相对比较小。台架式校正仪主要由平台、拉塔、脚踏气动油泵、钣金夹具组成。

① 平台　平台是汽车进行校正停泊固定的地方，一般长 5~6.5m，宽 2~2.5m，高 0.5m，如图 1-7 所示。此外，还有 2 个倾斜式斜桥，斜桥的主要作用是方便汽车上下。

② 拉塔　拉塔是用于校正的活动臂，它是 360° 活动的，一般为圆形。拉塔一般有 2 个，可以沿工作台轨道 360° 无限度地转动，如图 1-8 所示。

图 1-7　平台

图 1-8　拉塔

③ 脚踏气动液压泵　脚踏气动液压泵的主要作用是给拉塔提供动力，如图 1-9 所示。给拉塔提供动力的泵有 2 种，一种是气动泵，另一种是电动泵，最常用的是气动泵。

④ 钣金夹具　钣金夹具是用来校正车辆变形部位的，一般针对不同的部位需要采用不同的钣金夹具来对车身进行修理，包括车身固定夹具等，如图 1-10 所示。

图 1-9　脚踏气动液压泵

图 1-10　车身固定夹具

2）地框式校正设备　如图 1-11 所示，地框式校正设备是利用地锚固定车身的底板纵梁和车架来校正车身。使用时，用车身固定器夹持车身某一部位，且其底座又能用螺栓固定在地板导轨上，使整个车身处于固定位置。

安装时，先用千斤顶支起车身使轮胎脱离地面，然后在车身特定的位置安装固定支架并将此处夹紧；再将支架底部移动到底盘系统适当位置，初步安放地脚螺栓；最后在车身的四个支点均已夹紧且高度调节合适之后，将所有地脚螺栓拧紧。这样，整个车身就被固定夹持住了。汽车固定好后，就可以沿任意方向绕车身 360° 进行牵拉。

拉拔时，由于固定点与地面存在着高度差，因此在进行水平方向的校正时，拉链受力后将产生一个垂直向下分力。拉链与地面的夹角越大（拉链短），则垂直分力也越大；反之，拉链与地面的夹角越小（拉链长），则垂直分力越小。因此，除非是较小的车身变形，否则都要拆除汽车底盘的悬架装置，改用可靠的刚性支撑。

图 1-11　地框式校正设备

（5）撑顶器校正设备

1）撑顶器的作用及结构　撑顶器是一种轻便液压杆系统，它利用手摇液压泵提供动力，通过液压驱动各种用途的液压缸，实现推、顶、扩等动作。在液压杆两端装上适当的连接杆，可以满足车身内部两点间校正尺寸的需要。用于推压等各种情形的连接杆形状是不相同的。撑顶器主要由液压泵、手柄、高压软管、液压杆、泄压阀和各种端头的连接杆等组成，如图 1-12 所示。

图 1-12　撑顶器结构

2）撑顶器的使用方法

① 首先将合适的连接杆安装到液压杆上，然后将其两端放置于施力的支点。

② 如图 1-13 所示，将液压泵上的泄压阀拧紧。

图 1-13 拧紧泄压阀

③ 如图 1-14 所示，按压撑顶器手柄，使撑顶器两端连接杆伸长，随着撑顶器连接杆的伸长来校正钣金件的变形，根据钣金件变形的程度来按压连接杆伸长的长度即可。

④ 当不需要撑顶器时，拧开泄压阀，液压杆将会重新缩回到初始状态。

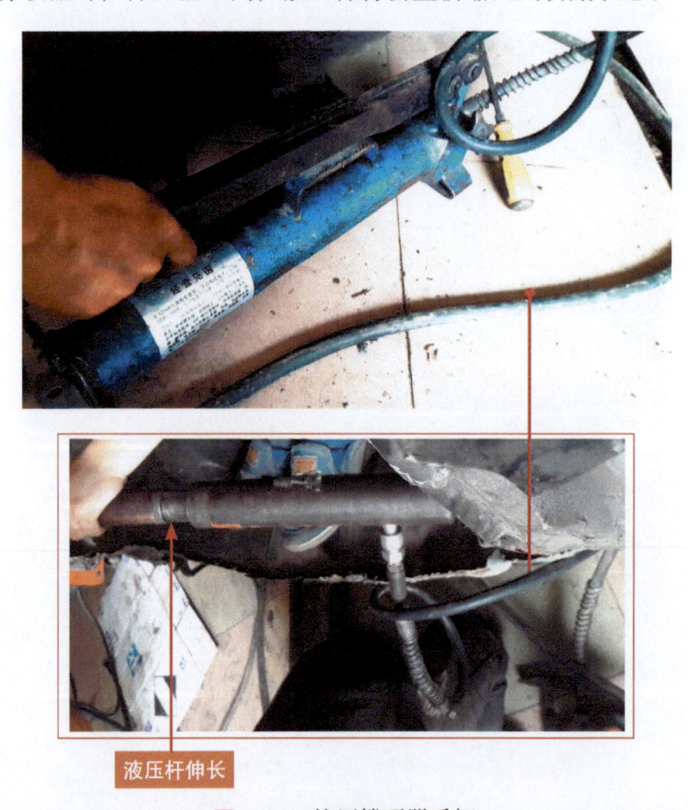

图 1-14 按压撑顶器手柄

（6）吊装设备

在钣金作业过程中，当需要拆下手（自）动变速器总成而不需要拆下发动机总成时，往往要用到一种暂时吊住发动机的吊装设备，这种工具主要由发动机支撑架和吊杆组成。发动机支撑架和吊杆的使用方法如下：

1）关闭点火钥匙，断开蓄电池负极电缆。

2）如图 1-15 所示，将吊耳拧入到发动机专用的“吊装”螺栓孔上。

图 1-15　将吊耳安装在发动机上

3）拧紧发动机支撑架上的两个固定螺母，将发动机支撑架的支撑脚放置在前车身（翼子板）上，如图 1-16 所示。

图 1-16　安放发动机支撑架

4）用吊钩钩住吊耳，然后用力旋转吊钩大螺母，直到吊钩吊住发动机不松弛即可，如图 1-17 所示。装好吊装工具后，安全地升起汽车，在汽车底盘下单独拆下手（自）动变速器总成。

图 1-17 吊住发动机

2. 认识钣金工具的类型及作用

（1）钣金锤

1）用途与类型 钣金锤一般用于汽车制造和汽车车身修复，汽车外部钣金件被划伤或变形，要用钣金锤一点一点地敲击使其恢复到原形。钣金锤主要分为整平锤、铁锤、球头锤、橡皮锤等。

① 整平锤 如图 1-18 所示，整平锤的锤头有圆有方，锤面平整略有弧度，它主要用于整平车身外板。

② 铁锤 如图 1-19 所示，铁锤是修复损坏的钣金件所必需的工具，它常用来进行大强度的钣金件加工，例如用来校正质量较大的车身内部结构，以及校正车架、横梁、重型车身和保险杆支撑、支架等。

③ 球头锤 球头锤是钣金修复的多用途工具，它主要用于校正车身弯曲结构，一般可以用来进行所有的钣金件手工加工。

④ 橡皮锤 橡皮锤用于柔和地敲击薄钣金件，它具有一定的弹性，不会损坏被敲钣金件表面。

图 1-18 整平锤

图 1-19 铁锤

⑤ 长风镐　长风镐一头为长的圆形尖头，另一头为圆形平头，主要用来进行薄钣金件粗加工后的校直工作和精加工时凿平局部的小凹点等工作。禁止在金属钣金件粗加工中使用长风镐。

2）钣金锤的使用技能

① 首先应根据被修整部位的变形情况，选用不同的钣金锤来进行维修。如对薄的钣金件进行修复，则应选用木质或硬质橡胶锤进行锤击；对于维修钣金件小凹陷，可用长风镐逐个轻微敲击以修平这些微小的凹陷，如图 1-20 所示。

② 整平锤的正确使用方法如图 1-21 所示。用手轻松握住整平锤手柄的端部（相当于手柄全长的 1/4 位置），锤柄下面的食指和中指应适当放松；小指和无名指应相对紧一些，使之形成一个支点，拇指用于控制锤柄向下运动的力度，通过依靠手腕的动作来挥动锤子，并利用整平锤敲击零件时产生的回弹力沿弧形运动轨迹来敲击。

图 1-20　长风镐的正确使用方法

图 1-21　整平锤的正确使用方法

③ 如图 1-22 所示，对于刚性很强的钣金件，应使用铁锤敲击使其恢复原状。敲击时，右手握紧铁锤手柄，通过依靠手腕的动作来挥动锤子，使其产生较大的敲击力。锤击时，一般应遵循“先大后小、先强后弱”的原则，从变形较大处起顺序敲打，并保证锤头以平面落在钣金表面上。同时还要注意分析构件的结构强度，有序排列锤子的落点，在锤击过程中应保证间隔均匀、排列有序，直至将车身损伤修平。

图 1-22　铁锤的正确使用方法

（2）垫铁

1）用途与类型　垫铁常见的类型有通用型垫铁、中隆型垫铁、足尖型垫铁等，操作时有些钣金工还会采用锤子充当垫铁，使用时应根据钣金件的结构和形状来选择。

① 如图 1-23 所示，通用型垫铁有多种隆起，可以用来粗加工挡泥板的隆起部分和车身的不同曲面；校正挡泥板凸缘、装饰条和轮缘；收缩平的和隆起的金属钣金件面；修正焊接区等。

图 1-23　通用型垫铁

② 中隆型垫铁　如图 1-24 所示，中隆型垫铁很重，而且很容易控制在平面金属钣金件上，常用来使金属钣金件减薄和使薄的金属钣金件收缩，主要用来对车门内侧、发动机舱盖、挡泥板的平面和隆起面进行钣金修复。

图 1-24　中隆型垫铁

③ 足尖型垫铁　如图 1-25 所示，足尖型垫铁用来收缩车门板、挡泥板裙板和各种盖板，也可以用来在挡泥板的底部形成卷边和凸缘。该垫铁特别适合于粗加工金属钣金件，因为它的一个面非常平而另一面微微隆起。

图 1-25　足尖型垫铁

2）垫铁的使用技能　如图 1-26 所示，选择端面合适的垫铁（铁锤充当垫铁）紧贴于小凹凸的背面，用平锤轻轻敲击钣金件表面的凸起或小凹陷的周围，使其恢复原状。

图 1-26　垫铁的正确使用方法

（3）惯性锤

惯性锤（图 1-27）又叫凹陷拉拔器，通常带一个螺纹尖头和一个钩尖，一般情况下要求在皱折处钻出或冲出一个或多个孔。如图 1-28 所示，拉拔时将螺纹尖头拧入所钻的孔，用惯性锤轻轻敲打手柄，慢慢把凹陷拉平。

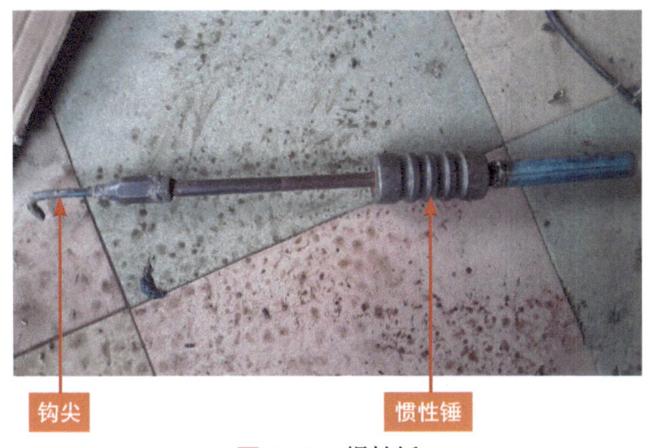

图 1-27　惯性锤

图 1-28　惯性锤的正确使用方法

（4）车身锉刀

1）车身锉刀的特点　如图 1-29 所示，车身锉刀是用来修整钣金锤作业留下来的凸凹不平痕迹的专用工具。车身锉刀只与凸起金属材料接触，适用于对加工后较粗糙的表面进行光洁处理作业。另外，利用车身锉刀还可以检验钣金件平面修复是否平整。在撞伤钣金件已经被粗加工后，可轻轻地使用车身锉刀，目的不是锉掉金属，而是通过锉痕找出不平处的位置，显露出钣金件上需要再加以敲击的小的凸点和凹点，以便再用手锤和顶铁来修复使其平整。

图 1-29　车身锉刀

2）车身锉刀的使用技能　如图 1-30 所示，使用车身锉刀作业时，应该用手握住锉刀的手柄向前推，同时轻轻加压力于锉刀上进行推锉，不可用太大的压力，否则钣金件将会切削过多，也不可用力过小，否则在推锉车身的过程中车身锉刀会出现颤动现象。此外，要使车身锉刀与钣金件表面形成一个适当的角度而不是顺着锉刀直行前进。如果顺着锉刀方向直进，将会把钣金件表面锉出凹痕。

锉削刚开始时，锉刀的前端起作用，然后使锉齿的锉削作用移到中间或尾端，使其形成一个工作行程，使锉齿从前端到尾端都有锉削作用，行程要长而有规律。在返回的行程中，用手柄将车身锉刀从钣金件上拉回即可。

图 1-30 车身锉刀的正确使用方法

（5）砂轮机

砂轮机主要用来磨削或切割钣金件或塑料件，如发动机舱盖、翼子板及车身覆盖件等经过焊修的焊缝，可用砂轮机磨削平整，也可以用来切割薄钣金件。砂轮机分为电动和气动两种，修理厂使用最多的是电动砂轮机（图 1-31）。使用砂轮机的注意事项如下：

图 1-31 电动砂轮机

1）使用砂轮机前，应先检查砂轮片有无裂纹和破碎，砂轮片是否安装牢固，护罩是否完好，砂轮机电源线束及插头是否破损。

2）磨削过程中，人不要站在出屑的方向，以防切屑飞出伤害人眼或砂轮意外飞出造成伤人事故。

3）如图 1-32 所示，磨削薄的钣金件时，砂轮应轻轻接触钣金件，不能用力过猛，并密切注意磨削部位，以防磨穿。

4）应轻拿轻放砂轮机，用后应及时切断电源或气源，妥善放置，清理工作场地。

图 1-32　砂轮机的使用方法

（6）手电钻

如图 1-33 所示，手电钻是以电为动力的手持式钻孔工具，操作简单方便。电源电压一般为 220V 和 360V 两种，其钻头尺寸规格有 3.6~13mm 若干种。手电钻使用方法如下：

图 1-33　手电钻

1）手电钻的电源线不得有破皮或漏电现象，使用时应佩戴绝缘手套。

2）操作手电钻时，应先按起动按钮后接触钣金件，钻薄的钣金件要垫平垫实，并将钣金件固定牢靠。此外，钻斜孔时应防止滑钻，避免意外发生。

3）使用手电钻时，不准将身体直接压在上面，而是用双手握紧手柄进行钻孔。

4）钻头必须拧紧，开始时应轻轻加压，以防止断钻。

5）装卸钻头应在电钻完全停止后进行，用专业工具拆卸（不准用锤子和其他器件夹钻帽)。

6)使用过程中,如果发现严重火花、异响、异味、冒烟等应立即停止使用。

7)停电、休息或离开工作地时,应立即切断手电钻的电源。

二、喷漆设备及工具

1. 认识喷漆设备的类型及作用

(1)喷漆房

喷漆房(图 1-34),也称烤漆房,它主要用来喷涂和烘烤车漆。在烤漆房喷涂可以避免车间工作人员吸入有害的溶剂和漆雾、避免积聚可燃性气体和漆雾、避免灰尘黏附在车身钣金件表面、避免溶剂和漆雾污染周围环境等。喷漆房的使用方法和操作注意事项如下:

图 1-34 喷漆房

1)喷漆房使用方法

① 首先打开喷漆房控制台电源总开关。

② 打开空气压缩机供气阀门;检查油水分离器,将过滤出来的油和水排放干净;检查风压是否达到 400kPa。

③ 打开喷漆房照明开关、抽风机开关;检查通风是否顺畅。

④ 车辆进入喷漆房后,立即关闭漆房门;喷漆工出入应随手关门,非工作人员不得入内,确保喷漆房免受粉尘、油污和蜡的污染。

⑤ 喷漆房内严禁一切烟火。

⑥ 喷漆工应做好相应的身体保护措施,戴上防毒面罩,穿上防护工作服,确保个人身体健康及施工质量。

⑦ 烤漆之前应调好温度(60~70℃),并定好需烘烤的时间。检查是否有足够的燃油,然后打开烤漆开关,喷漆房即可自动工作,如图 1-35 所示。

a）烤漆温度

b）正在烤漆

图 1-35 汽车烤漆

⑧ 施工完毕后，将汽车移出喷漆房，必须立即清洁喷漆房，然后关好喷漆房门，关闭电源总开关。

⑨ 喷漆房只能由喷漆工来操作，非技术人员不得私自动用。

2）喷漆房操作注意事项

① 使用喷漆房前，必须检查电路是否正常，喷漆房主机是否缺油，灯光是否齐全，通风是否良好。

② 使用喷漆房时，要时刻观察喷漆房的工作状态，出现故障时，不能强行起动，以免发生爆炸事故。

③ 使用空压机时，必须检查电路是否正常，长时间运转时电动机是否过热，要经常检查压缩机机油、储气罐排水。

④ 使用喷枪作业时，喷漆工必须戴好口罩或防毒面具，保持一定距离，长时间作业时必须稍微休息，以免缺氧中毒。

⑤ 喷漆房一般不得进行涂装以外的作业。

⑥ 按指定使用说明书规定使用和保养喷漆房，并由专人管理。

⑦ 定期更换过滤材料。

⑧ 定期清除各处风道内的漆尘及脏物。

（2）红外线烤漆灯

红外线烤漆灯（图 1-36）主要用于烘干汽车的喷涂层，它具有升温快、干燥时间短、操作方法简便等优点。

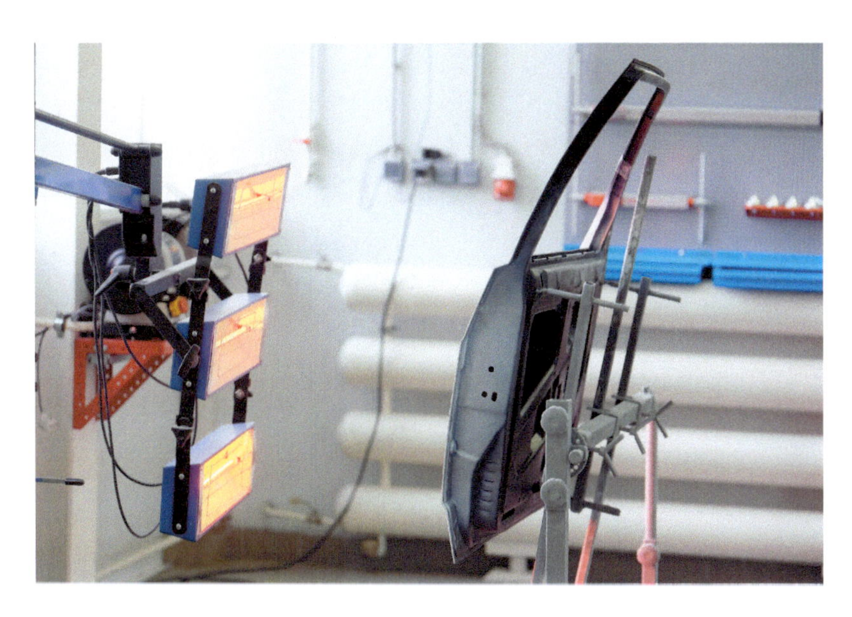

图 1-36　红外线烤漆灯

2. 认识喷漆工具的类型及作用

（1）刮涂工具

刮涂原子灰使用的工具主要是刮具（俗称刮子），其中分为硬刮具和软刮具两类，操作时应根据不同的情况灵活选用。

1）硬刮具　硬刮具（图 1-37）是指具有一定弹性和硬度的刮涂工具，如油灰刀、聚氯乙烯板块状刮具以及钢片刮刀等。硬刮具中的大、中型刮具，刮口较宽，易于刮涂较大平面。此外，硬刮具刃口较薄，易于对刮涂过的表面进行修整。

图 1-37　硬刮具

2）软刮具　软刮具是指端口较软的橡胶刮具，如胶板大刮具（图 1-38）和橡胶小刮具（图 1-39）等。

图 1-38　胶板大刮具

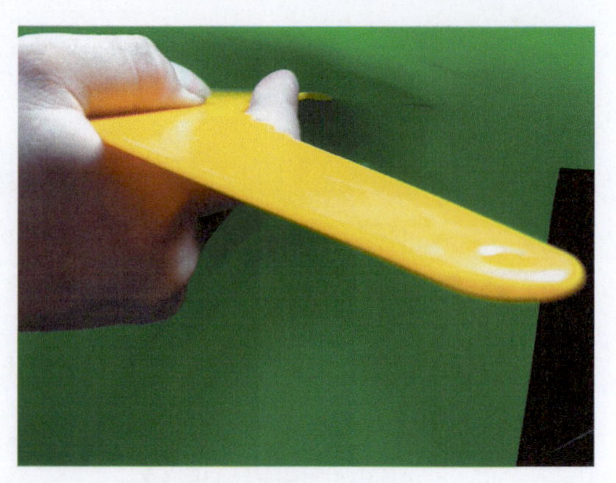

图 1-39　橡胶小刮具

（2）刷涂工具

刷涂工具主要是漆刷，它有很多种类。从制作材料上可分为硬毛刷和软毛刷两种，毛刷从形状上可分为圆形、扁形、薄板形等，如图 1-40 所示。

图 1-40　毛刷

（3）打磨砂纸

打磨砂纸是处理车身底层除锈、打磨原子灰的主要材料，如图 1-41 所示。砂纸分木砂纸和水砂纸两种，由磨料粘结在纸上制成。木砂纸主要用于磨光木制品表面；水砂纸由于涂有耐水涂料，不怕浸水，可以水磨，它是钣喷工常用的砂纸。

砂纸的磨料主要有氧化铝粉（如刚玉、人造金刚砂等），根据磨料的粒度大小不同，可分为多种规格。水砂纸规格代号是号数越大，粒度越细，打磨时根据需要进行选择。木砂纸正好与水砂纸相反，即号数越大，砂粒越粗。

图 1-41　打磨砂纸

（4）气动打磨机

气动打磨机主要作用是除锈和清除漆层等。如图 1-42 所示，气动打磨机以压缩空气为动力源保持运转。

图 1-42　气动打磨机

1）气动打磨机的使用方法

① 在使用气动打磨机之前，要仔细地检查一遍气动打磨机各部位的零部件，看看是否完好无缺，是否有松动的地方。之后再检查一下砂轮片是否有损坏或受潮的现象，最后再安装砂轮片，并且要确保砂轮片安装牢固。

② 检查压缩空气管道是否完好，空气管是否破损等。

③ 打磨机工作时，磨切方向严禁对着任何人，以免砂轮片或飞溅物飞出伤人。

④ 打磨时，力道要均匀，当出现卡阻时，要立即将气动打磨机提起来。

⑤ 选择粗细合适的砂纸，并且要及时更换，以便提高打磨效率。

⑥ 操作时，左手握住打磨机的底端，右手抓住打磨机的顶端并向下施压，同时掌心压住气动打磨机的开关即可进行打磨操作，如图 1-43 所示。

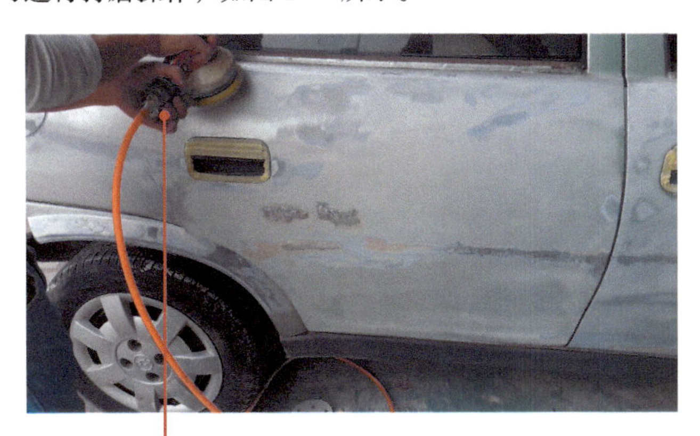

图 1-43　打磨操作方法

2）气动打磨机的使用注意事项

① 气动打磨机使用时间过长时要适当停止作业，避免气动打磨机因温度上升而烫手。

② 要定期对气动打磨机进行清洁，还要保持气动打磨机通风孔通畅以及其转动时的顺畅。

（5）喷枪

如图 1-44 所示，喷枪由枪体和喷枪嘴组成，枪体由空气压力调节阀、涂料流量控制阀、雾性（扇面）控制阀、扳机和手柄组成。喷枪嘴由气帽、涂料喷嘴和顶针组成。喷枪是指利用空气压力将液体转化为液滴的喷涂工具。喷枪工作过程称为雾化过程，它能使涂料成为可喷涂的细小且均匀的液滴。

图 1-44 喷枪

1）喷枪的调整方法

① 喷涂面漆时，要根据面漆的黏度选择口径合适的空气喷枪，以 HVLP 重力式空气喷枪（环保型空气喷枪）为例，选用 1.3~1.5mm 口径的空气喷枪比较合适。喷涂黏度较高的涂料使用口径大一点的空气喷枪，喷涂黏度低的涂料使用口径稍小的空气喷枪。

② 压力调整。严格按照油漆产品说明书所提供的施工参数调整喷枪的压力。对任何油漆系统而言，最合适的空气压力只有一个，就是能使涂料获得最好雾化效果的最低空气压力。

③ 雾束大小、方向要通过雾性控制阀和涂料流量控制阀进行调整，如图 1-45 所示。当雾性控制阀拧进旋钮，得到的雾形小而圆；拧出旋钮，得到大而扁的雾形。当涂料流量控制阀拧进旋钮则出漆量少，拧出旋钮则出漆量大。

图 1-45 调整喷枪

2）喷枪的使用方法

① 喷枪的距离　如图 1-46 所示，喷嘴与被涂表面之间的距离等于张开手掌后拇指尖与小拇指尖之间的距离，为 15~20cm。如果距离过长，涂料就会过度蒸发，涂料涂覆在车身表面就会出现干喷或橘皮等现象；如果距离过近，涂料涂覆在车身表面就会出现过喷从而形成褶皱或波纹。

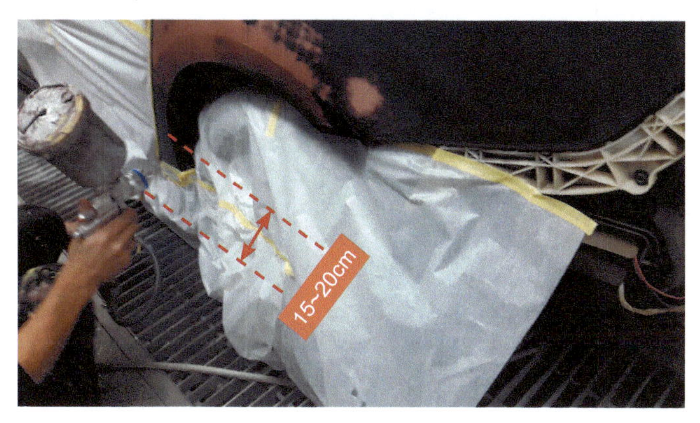

图 1-46　喷枪的距离

② 喷枪运动轨迹　如图 1-47 所示，喷枪与被涂表面应始终保持在 90°。在整个走枪的过程中始终保持喷枪与被涂表面呈直角，并确保手臂沿着被涂表面平行移动，绝对不能以手腕或手肘为圆心做弧形的摆动。

③ 喷枪的移动速度　喷枪的移动速度与涂料干燥速度、环境温度、涂料的黏度有关，约以 30cm/s 的速度匀速移动。如果走枪过快，会使涂料太干，表面粗糙；如果走枪过慢，容易产生流挂。

④ 喷枪扳机的控制　由于扣紧扳机时涂料流量较大，因此为了避免每次走枪行将结束时所喷出的涂料堆积在车身表面边缘，需要在喷枪行程的末端略微放松一点扳机，以减少供漆量。

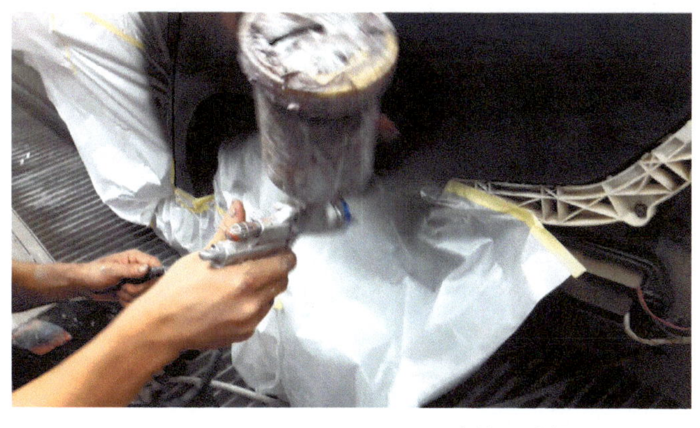

扫一扫　看视频

图 1-47　喷枪运动轨迹

（6）油漆调配辅助工具

在汽车油漆调配过程中，要使用调漆杯、过滤纸、调漆尺等辅助工具。

1）调漆杯用于调配油漆，主要选用抗溶剂性很强的塑料制成。

2）如图 1-48 所示，过滤纸用于过滤倒入喷枪的油漆。

图 1-48　过滤纸

3）如图 1-49 所示，调漆尺用于调配油漆比例，根据不同的比例选用不同的调漆尺。

图 1-49　调漆尺

（7）喷漆防护工具

如图 1-50 所示，喷漆时要做好个人安全防护工作，主要包括穿戴防尘呼吸器、喷漆防护服、防护手套等。

1）防尘呼吸器用于过滤油漆、有机化学品、灰尘等。防尘呼吸器一般配备双活性炭滤芯，适合大强度的喷漆作业。

2）喷漆防护服主要用于喷漆作业，它不仅能防止有害物质侵入人体，还具有防尘功能。

3）防护手套可以避免飞溅物伤及双手，喷漆时应根据需要佩戴防护手套。

图 1-50　喷漆防护工具

习　题

一、填空题

1. 汽车钣金设备主要包括________、________、________、________等。

2. 车身大梁校正设备分为________和________两种。

3. 台架式校正仪主要由________、________、________、________四部分构成。

4. 撑顶器主要由________、________、________、________、________、________等组成。

5. 发动机的吊装设备主要由________和________组成。

6. 钣金锤主要分为________、________、________、________等。

7. 垫铁常见的有________、________、________等类型。

8. 喷漆房，也称烤漆房，它主要用来________和________车漆。

9. 喷漆时要做好个人安全防护工作，主要包括________、________、________等。

二、问答题

1. 车身外形修复机操作方法是怎样的？

2. 二氧化碳气体保护焊机的操作方法是怎样的？

3. 撑顶器的使用方法是怎样的？

4. 发动机支撑架和吊杆的使用方法是怎样的?

5. 如何使用钣金锤?

6. 如何使用车身锉刀?

7. 砂轮机及手电钻的使用方法是怎样的?

8. 喷漆房操作方法是怎样的?

9. 气动打磨机的使用方法是怎样的?

10. 喷枪的使用方法是怎样的?

项目二　车门内饰板拆装

一、理论知识

1. 车门内饰板的组成和作用

车门饰板是装饰车门的板式结构，包括车门内饰板和各附件。车门内饰板的表面覆盖材料一般为天然纤维或合成纤维纺织品、皮革、人造革、多层复合材料、连皮泡沫塑料等。如图 2-1 所示，内饰板不仅质感良好，当发生碰撞时乘员不易受伤，起到一定的保护作用。内饰板和车身钢板之间还使用很多隔声材料，在行驶过程中可降低外界噪声的干扰，改善车内乘坐环境。

图 2-1　车门内饰板

2. 认识卡扣

（1）卡扣的特点

卡扣是用于一个零件与另一零件的嵌入连接或整体闭锁的机构，通常用于连接塑料件，其材料通常由具有一定柔韧性的塑料材料构成。卡扣连接最大的特点是安装拆卸方便，可以做到免工具拆卸。

（2）卡扣的组成

如图 2-2 所示，卡扣由定位件、紧固件组成。定位件作用是在安装时，引导卡扣顺利、正确、快速地到达安装位置。而紧固件作用是将卡扣锁紧于基体上，并保证使用过程中不脱落。根据使用场合和要求的不同，紧固件又分可拆卸紧固件和不可拆卸紧固件。可拆卸紧固件通常被设计成当施加一定的分离力后，卡扣会脱开，两个连接件分离。这种卡扣，常用于连接两个需要经常拆开的零件。不可拆卸紧固件需要人为将紧固件偏斜，方能将两零件拆开，多用于使用过程中不拆开零件的连接固定。

图 2-2 卡扣

（3）卡扣安装的注意事项

在安装卡扣时，操作人员主要通过手感以及声音来判断卡扣安装是否到位，因此在使用时需要注意以下 3 点：

1）选择合适的变形量。卡扣通过紧固件的变形和反弹来实现安装。而太小的变形量容易造成安装不牢固；太大的变形量又容易导致安装困难甚至无法安装，破坏卡扣。

2）安装卡扣到位时，一般出现一些比较明显的现象，如声音以及手感上的变化。

3）如图 2-3 所示，注意卡扣的安装数量，不能出现过多的情况。卡扣过多，对零件的加工精度要求较高。在实际装配过程，容易导致安装不到位或无法安装。

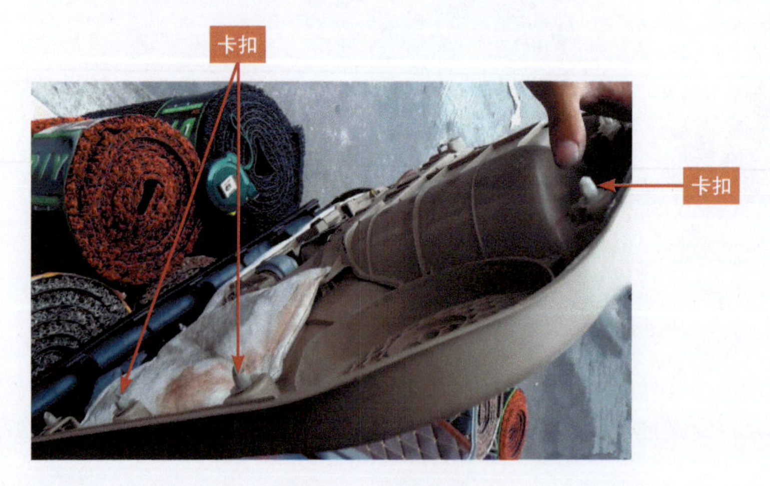

图 2-3 卡扣位置

3. 熟悉卡扣拆卸工具的使用方法

卡扣拆卸工具如图 2-4 所示。使用时，将拆卸头楔入卡扣的卡扣帽下，在撬柄上施加作用力，利用杠杆原理撬出卡扣。

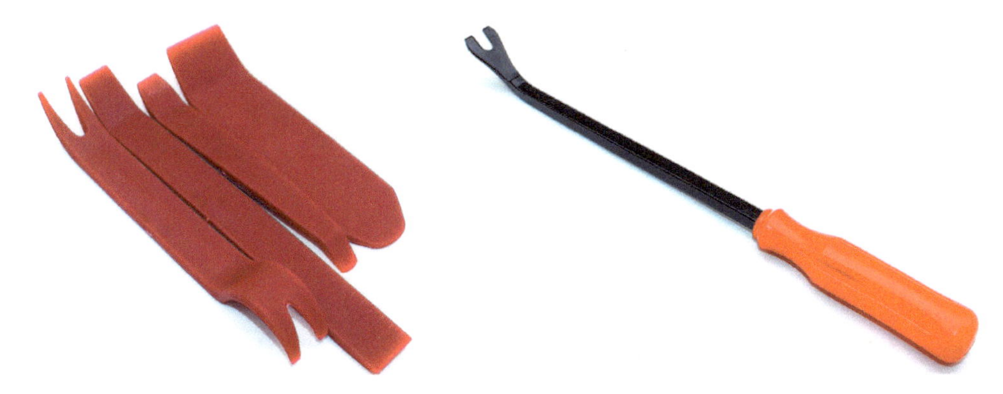

图 2-4　卡扣拆卸工具

二、技能演示

1. 车门内饰板的拆卸

1）如图 2-5 所示，使用一字螺钉旋具将内扶手的装饰件撬开，然后使用十字螺钉旋具拆卸车门装饰板内扶手上的固定螺钉，并将螺钉取下。

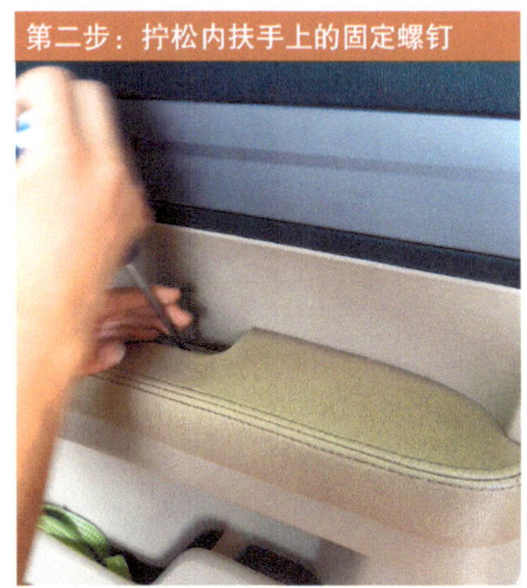

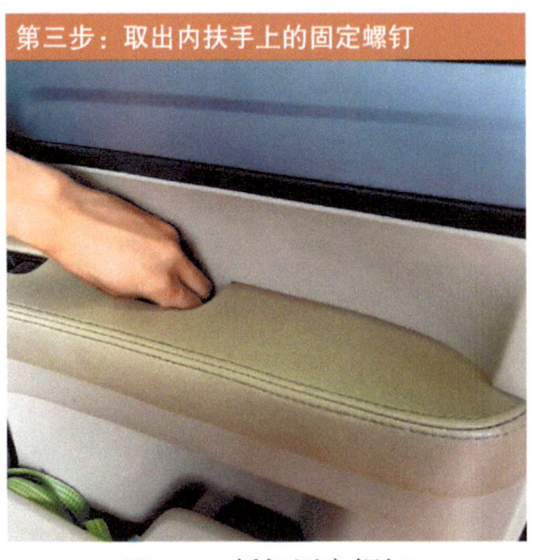

图 2-5　拆卸固定螺钉

2）使用十字螺钉旋具拆下内拉手装饰扣螺钉，然后用塑料板撬松车门左前三角饰板的卡子，最后取下车门左前三角饰板，如图 2-6 所示。

第三步：取下车门左前三角饰板

图 2-6　拆卸车门左前三角饰板

3）如图 2-7 所示，使用塑料板撬松车门内饰板，然后用双手将车门内饰板从下端轻轻拉开，使卡扣与车门分离。

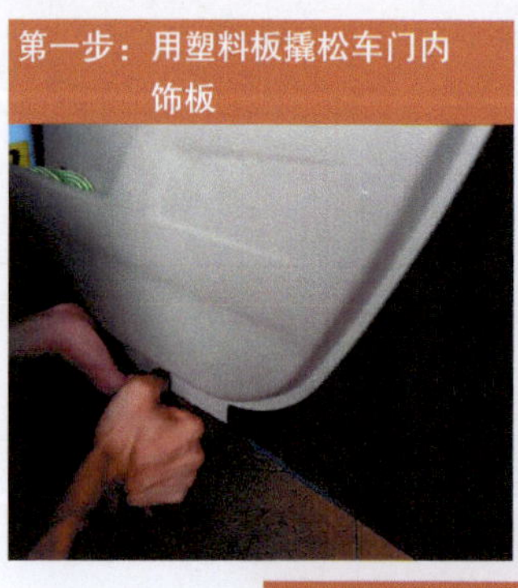

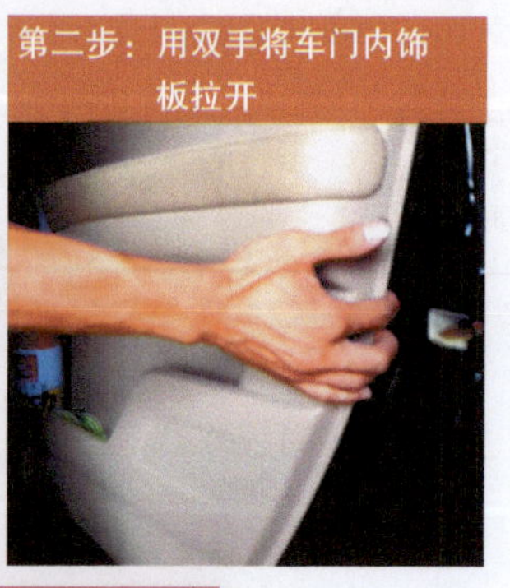

图 2-7　拆开车门内饰板

4）如图 2-8 所示，拆开内饰板线束插接器，最后取下车门内饰板。

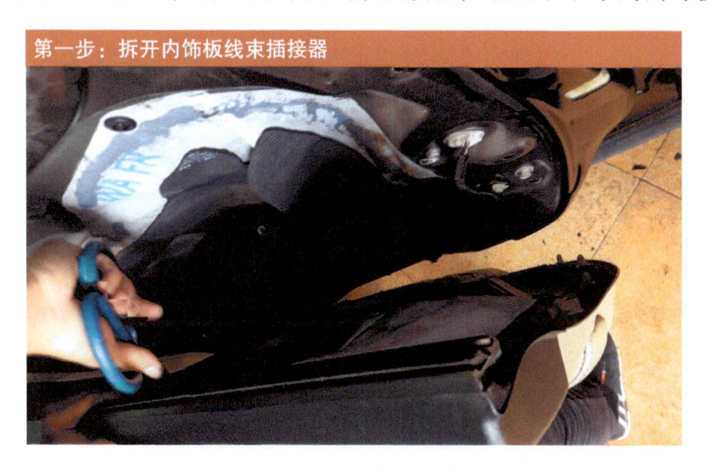

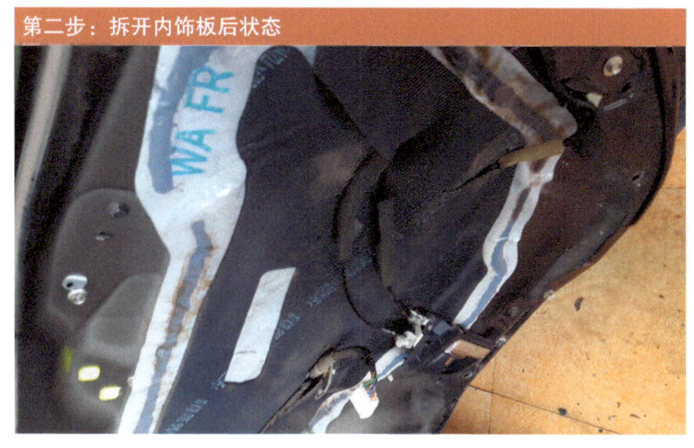

图 2-8　拆开内饰板

2. 车门内饰板的安装

1）将车门内饰板安装到车门上，安装时将卡扣对准安装孔，然后将其压到位即可，如图 2-9 所示。

图 2-9　装入车门内饰板

2）如图 2-10 所示，按照相反的顺序安装车门内饰板的固定螺钉，然后安装左前三角饰板，最后确保车门内饰板的控制按钮正常工作即可。

扫一扫　看视频

图 2-10　安装车门内饰板的固定螺钉

习　题

一、填空题

1. 车门饰板是装饰车门的板式结构，包括________和________。

2. 卡扣由________、________组成。

二、问答题

1. 卡扣安装的注意事项有哪些？

2. 如何拆卸车内内饰板？

3. 如何安装车门内饰板？

项目三　汽车玻璃的修复与更换工艺

一、理论知识

1. 汽车风窗玻璃的组成及作用

日前汽车风窗玻璃以夹层钢化玻璃和夹层区域钢化玻璃为主，能承受较强的冲击力。夹层玻璃是指用一种透明的黏合性塑料膜贴在两三层玻璃之间，将塑料的强韧性和玻璃的坚硬性结合在一起，增加了玻璃的抗破碎能力。钢化玻璃是指将普通玻璃淬火使内部组织形成一定的内应力，从而使玻璃的强度得到加强，在受到冲击破碎时，玻璃会分裂成带钝边的小碎块，对人不易造成伤害。而区域钢化玻璃是钢化玻璃的一种新品种，它经过特殊处理，能够在受到冲击破裂时，其玻璃的裂纹仍可以保持一定的清晰度，保证驾驶人的视野区域不受影响。

（1）钢化玻璃

通过淬火（钢化处理）可以使普通硅酸盐玻璃的质地变得非常坚固。这种钢化玻璃是通过加热使之达到软化程度时（一般为600℃左右），然后向玻璃两面急速吹送冷风，通过急冷进行所谓“风淬”处理而得到的。玻璃表面冷硬后形成的压应力，使玻璃强度得到提高。钢化玻璃的强度和耐冲击能力要比普通玻璃高 3 ~ 5 倍。一旦受到碰撞损伤，就会瞬时变成带钝边的小碎块，不会给人员造成更大伤害。钢化玻璃如图 3-1 所示。

（2）夹层玻璃

夹层玻璃是针对淬火玻璃存在的不完善之处而产生的，它是迄今为止最适合于用作前风窗的安全玻璃。两三块薄玻璃板中间夹入聚丙烯酸甲脂或聚乙酸酯透明薄膜，使两层或三层玻璃粘接成为一体，形成夹层式安全玻璃。由于夹层玻璃中间的透明胶层能与玻璃取得一样的曲率，故透明度并不受夹胶层的影响。许多试验和实践都证明，夹层玻璃可以有效减轻撞击事故发生时玻璃碎片对人员的伤害。夹层玻璃如图 3-2 所示。

2. 特种车窗玻璃的组成及作用

特种车窗玻璃一般是在钢化玻璃基础上，通过专门的工艺加工出来的具有特殊功能的汽车玻璃。特种车窗玻璃如图 3-3 所示。为了使车窗玻璃具有遮挡阳光照射的功能，在硅酸盐玻璃中加入微量的 Co（钴，蓝色）、Fe（铁，红褐色）或其他金属元素，便成了能够抵抗紫外线照射的着色玻璃。有些着色玻璃还能随阳光的强弱自动变化色度，以减轻眼睛的疲劳程度，增加了乘坐的舒适性。

图 3-1 钢化玻璃

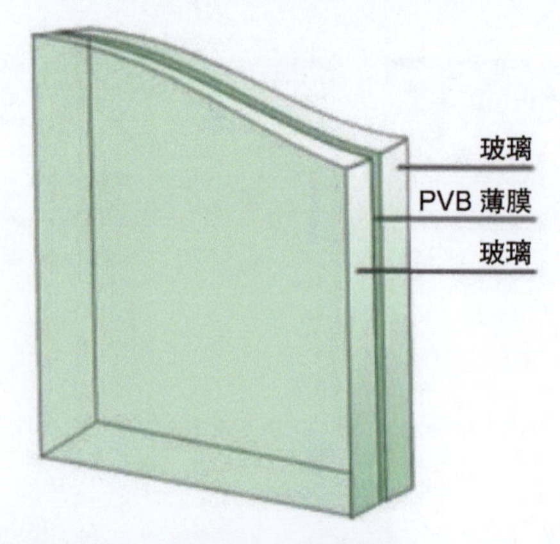

图 3-2 夹层玻璃

图 3-3 特种车窗玻璃

3. 汽车玻璃的修复工具

汽车玻璃的修复主要是在裂缝中填补液态胶质，消除缝隙。填补玻璃所用的材料是一种透明度很高的液态胶质，靠紫外线加热可迅速凝固，强度可达原玻璃的 90%。如图 3-4 所示，汽车玻璃的修复工具包括固定支架、压力棒、压力筒、固化膜、修补刀片、修补液等。

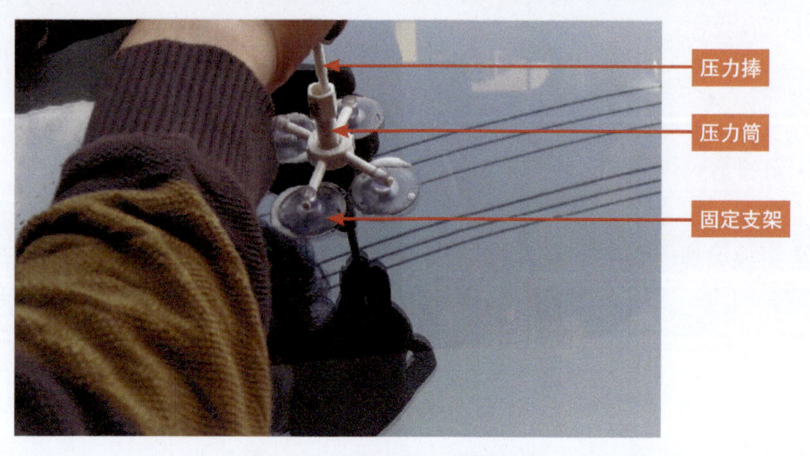

图 3-4 汽车玻璃的修复工具

二、技能演示

1. 汽车玻璃的修复

1）首先准备好汽车玻璃的修复工具，然后用清水清洁干净汽车玻璃，最后用针头将汽车玻璃破损处的杂质清理干净，如图 3-5 所示。

图 3-5　将汽车玻璃的破损处清理干净

2）如图 3-6 所示，将固定支架中间孔对准需要修补的破损处，固定好吸盘。

图 3-6　安装将固定支架

3）如图 3-7 所示，将压力筒旋入到固定架的螺纹孔上，让底部的橡胶圈与玻璃破损处充分接触，此时橡胶圈凸起处会回缩，空隙缩小。

图 3-7 旋入压力筒

4）如图 3-8 所示，往安装完毕的压力筒滴入 4~6 滴修补液。**注意：修补液滴入量视玻璃破损大小决定。**

图 3-8 注入修补液

5）如图 3-9 所示，将压力棒轻轻地旋到压力筒内，直到压力筒底部的橡胶孔受压抗大，耐心等待 10~20min, 让修补液慢慢进入破损孔。

图 3-9 压入压力棒

6）如图 3-10 所示，盖上一块毛巾，让修补液自然固化。

图 3-10　盖上一块毛巾

7）修补液固化后，取下汽车玻璃的修复工具（图 3-11），观察渗透效果。

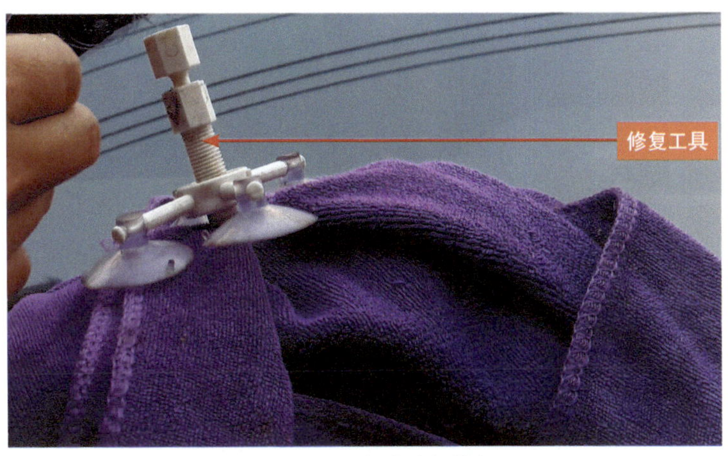

图 3-11　取下汽车玻璃的修复工具

8）如图 3-12 所示，将固化膜覆盖在破损处，让修补液干燥。

图 3-12　将固化膜覆盖在破损处

9）修补液固化后，取下固化膜，然后用刀片轻轻刮去表面多余的固体，如图 3-13 所示。

图 3-13　用刀片轻轻刮去表面多余的固体

10）如图 3-14 所示，用清洁剂将修补处清洁干净。

图 3-14　用清洁剂将修补处清洁干净

2. 汽车玻璃的更换

1）首先在车室内的仪表台覆盖胶皮垫，避免玻璃碴掉到车室内刮花仪表台。

2）拆卸前风窗玻璃排水槽，便于安装前风窗玻璃。

3）从前风窗玻璃上缘拆下定型件。必要时，使用多功能小刀将定型件切断。

4）向下拉车顶内衬的前部。注意：小心不要过度弯折车顶内衬，否则会将其弯折或折断。

5）沿仪表板和前风窗玻璃四周贴护胶带。使用锥子，从车辆内侧在前风窗玻璃的角部穿过橡皮嵌条、黏结胶带与仪表板密封件钻一个小孔。将高强钢丝穿过小孔，并将高强钢丝的两端各绕在木棒上。

6）由一名助手在外侧，以拉锯的动作将高强钢丝来回拉动。保持高强钢丝尽可能地靠近风窗玻璃，以防损坏车身与仪表板。在整个前风窗玻璃四周小心地切割橡皮嵌条和黏结剂。最后小心地将前风窗玻璃拆下。

7）使用小刀，将前风窗玻璃框口边缘粘接表面上原有的黏结剂刮平约 2mm 的厚度。但注意不要刮伤车身的漆层表面，损坏的漆层会妨碍粘接。

8）使用一块浸有酒精的抹布清洁车身粘接表面。清理后，勿使框口表面沾染机油、油脂及水等。

9）替换前风窗玻璃，将新的雨传感器罩基座安装至前风窗玻璃内表面。

10）使用黏结胶带将橡胶嵌条、上卡夹与仪表板密封件粘接到前风窗玻璃的内表面。然后将前风窗玻璃放置在开口部位，并进行校中。确保两个上卡夹、销接触车身孔边缘。不要触摸前风窗玻璃上要涂抹黏结剂的部位。

11）在橡胶嵌条和定型件之间的前风窗玻璃周围涂出一条黏结剂带。

12）如图 3-15 所示，使用吸盘吸住前风窗玻璃，将其移至并保持在待安装的窗框口外，将其与校中所作出的定位标记对准，然后放到黏结剂上。轻微按压前风窗玻璃，直到边缘同黏结剂完全粘接。

图 3-15　安装前风窗玻璃

13）大约 1h 之后，待黏结剂干燥后清理保护带，然后使用抹布将多余的黏结剂刮掉或擦去。为了除去漆层表面或前风窗玻璃上的黏结剂，需要使用浸沾酒精的柔软抹布进行擦拭。

14）重新安装所有未安装的部件，包括前风窗玻璃排水槽等。

习　题

一、填空题

1. 汽车风窗玻璃以____________和____________为主，能承受较强的冲击力。

2. 汽车玻璃的修复工具包括____________、____________、____________、____________、____________、____________等。

二、问答题

1. 什么是钢化玻璃?

2. 什么是夹层玻璃?

3. 如何修复汽车玻璃?

4. 如何更换汽车玻璃?

项目四 氧-乙炔焊的焊接工艺

一、理论知识

1. 氧-乙炔焊结构及原理

氧-乙炔焊设备及其管路系统如图4-1所示。其中氧气瓶主要供给焊炬火焰燃烧所需的氧气；乙炔瓶供给乙炔；减压器和回火保险器为保障焊炬火焰正常燃烧，防止回火气体蔓延引起事故。氧-乙炔焊原理是利用乙炔在氧气中燃烧产生的高温，使焊条熔化来焊接钣金件。

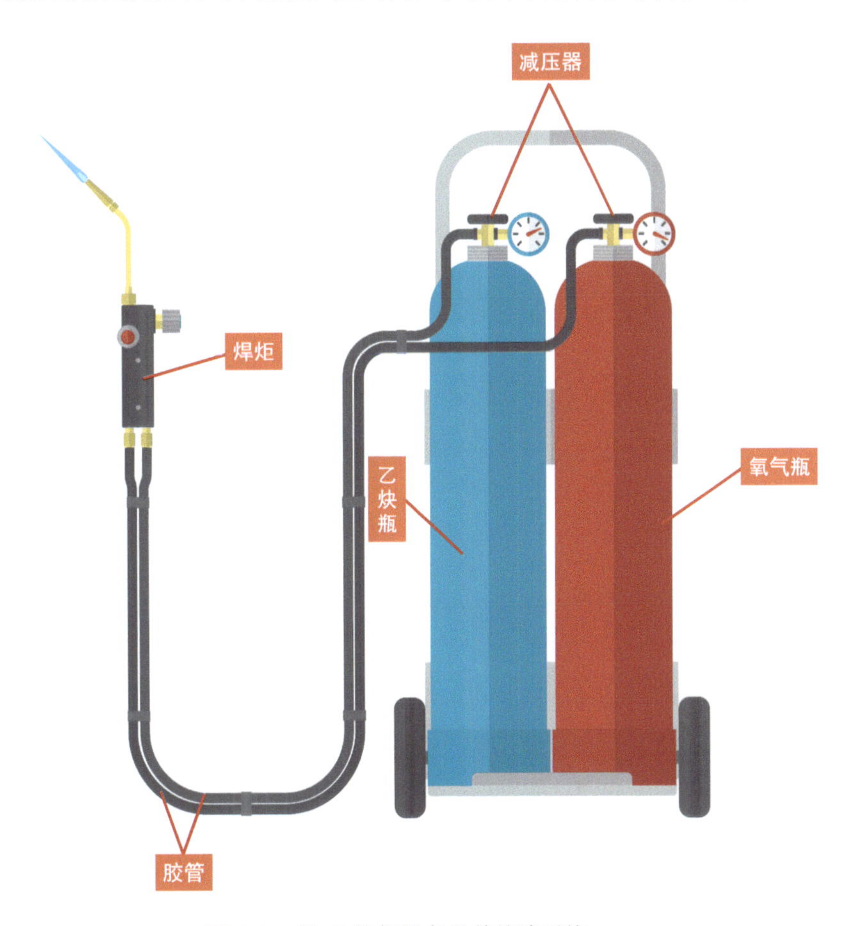

图4-1 氧-乙炔焊设备及其管路系统

2. 氧-乙炔焊工艺参数的选择

（1）火焰类型的选择

火焰类型取决于焊接母材的材质。碳钢类材料多采用中性火焰焊接，其他材料则使用碳化焰或氧化焰。

1）中性火焰　如图4-2所示，中性火焰焰心呈尖锥形，色蓝白而亮，轮廓清楚，外焰呈淡橘红色。适用于低碳钢件、紫铜板件焊接。

图4-2　中性火焰

2）碳化焰　碳化焰焰心呈蓝白色，外周包着一层淡蓝色的火焰，轮廓不清楚，外焰呈橘红色，伴有黑烟。适用于高碳钢、铝合金焊接、一般铝板焊接等。

3）氧化焰　氧化焰焰心呈淡蓝色，内焰较小，焊接时会发出急剧的“嗖嗖”声。

（2）焊嘴的选择

焊嘴的大小与火焰的能率有关。单位时间内火焰所提供的热能的大小代表火焰的能率。大号的焊嘴，火焰能率高，适于厚钣金件的焊接。

3. 焊接方向的选择

氧-乙炔焊的操作方法有左焊法和右焊法两种。焊炬从右向左移动的焊接方法称为左焊法；焊炬从左向右移动的焊接方法称为右焊法。

（1）左焊法

如图4-3所示，左焊法是焊枪从右向左移动，火焰背对焊缝而指向未焊部位。此焊法操作较为简便，焊接薄钣金件和低熔点金属时，可减少焊件受热变形和烧穿的可能。同时，火焰对焊口和未焊部位有一定预热作用，焊接速度较快。

（2）右焊法

如图4-4所示，右焊法是焊枪从左向右移动，火焰指向焊缝已焊部位。火焰使焊缝周围的空气对其影响较小，能很好地保护熔池内金属，且焊缝冷却速度慢，金属组织得以改善，使焊缝质量优化。但此法操作难度大，不易掌握，多用于厚钣金件的焊接。

图 4-3　左焊法

图 4-4　右焊法

二、技能演示

1. 准备工作

1）打开氧气和乙炔气钢瓶上的阀门，调节减压阀，使氧气输出压力为 500kPa 左右，乙炔气输出压力为 50kPa 左右。

2）打开焊枪上乙炔气的调节阀，使焊枪的喷火嘴中有少量乙炔气喷出，然后点火。当喷火嘴出现火焰时，缓慢地打开焊枪上的氧气调节阀门，使焊枪喷出火焰，并按需要调节氧气与乙炔气的进气量，形成所需的火焰，如图 4-5 所示。

图 4-5　调整火焰

2. 焊接工艺

1）施焊前将裂纹变形的金属钣金件对齐。

2）如图 4-6 所示，焊接时一只手拿焊丝，另一只手拿焊枪。

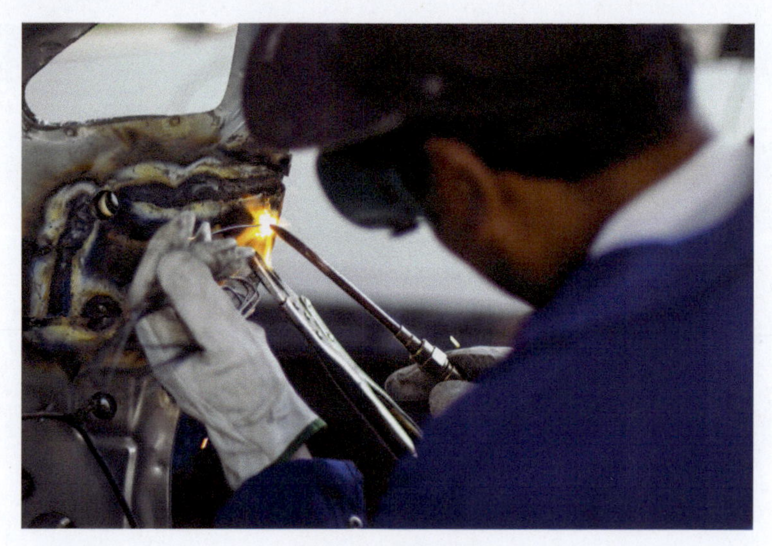

图 4-6　焊接操作

① 如果裂纹较长时，先将端部固定焊上一点。对裂纹的焊接遵循“由内向外”的原则，即从裂纹的止点起焊，逐渐将焊道引向裂纹的另一端。

② 当裂纹较短时，可沿裂纹走向一次焊到边缘。当裂纹较长时，也应按 50mm 的间距先行定位焊接。

3）焊接过程中，如发现构件裂纹两侧的金属板件错位，应借助锤子、垫铁等工具将其敲平、理齐。

4）在一块较大金属钣金件上焊接单一裂缝时，可用湿布或湿棉纱等围住焊缝后再施工，防止氧-乙炔焊对周围金属产生热影响。

5）焊接修补后，在焊缝的内侧垫上垫铁，用平锤沿焊缝轻轻敲击一遍，以消除焊接造成的残余内应力。

6）焊接结束后，应先关闭焊枪上的氧气调节阀门，随即关闭乙炔气调节阀门。如果先关闭焊枪上的乙炔气调节阀门，后关闭氧气调节阀门，焊枪的喷火嘴将会出现爆炸声。

习　题

一、填空题

1. 氧-乙炔焊火焰包括____________、____________、____________三种。

2. 氧-乙炔焊的操作方法有____________和____________两种。

二、问答题

1. 氧-乙炔焊结构是怎样的？

2. 氧-乙炔焊的原理是怎样的?

3. 如何选择氧-乙炔焊工艺参数?

4. 什么是左焊法?

5. 什么是右焊法?

6. 氧-乙炔焊的焊接工艺是怎样的?

项目五 二氧化碳气体保护焊的焊接工艺

一、理论知识

1. 二氧化碳气体保护焊机的组成

CO_2气体保护焊机（简称CO_2焊）主要由CO_2气瓶、CO_2气体阀门及气压表、焊丝盘及送丝机构、焊枪、软管、控制面板等部件组成，如图5-1所示。

图5-1 CO_2气体保护焊机的结构

2. 二氧化碳气体保护焊的工作原理及特点

CO_2 气体保护焊是采用 CO_2 气体作为保护介质。焊接时，CO_2 气体通过焊枪的喷嘴，以焊丝为一电极，以焊件金属（焊件金属与搭铁线连接）为另一电极。焊丝与焊件接触发生短路，焊丝端部产生热熔，同时在焊丝与焊件间产生电弧，电弧热使焊丝端部继续热熔并在焊件上形成熔池，如图 5-2 所示。自动送给的焊丝与焊件再次发生短路并形成熔滴，如此反复，就将焊丝堆积成焊缝。此外，CO_2 气体沿焊丝周围喷射出来，在电弧周围形成气体保护层，机械地将焊接电弧、熔池与空气隔离开来，从而避免了有害气体的侵入，保证焊接过程的稳定，以获得优质的焊缝。

图 5-2　CO_2 气体保护焊的焊接原理

3. 二氧化碳气体保护焊的类型

CO_2 气体保护焊的类型主要有定位焊、连续焊、塞焊、点焊，具体方法如下：

（1）定位焊

定位焊是一种临时点焊，是用于保持两待焊钣金件相对位置固定不变，以免发生位置偏移。定位焊的距离应根据钣金件厚度、形状、焊缝长度等情况而定。通常厚度越厚，面积越小，曲面越大，定位焊的距离就相对越远，反之定位焊时就应该近一点，车身钣金件定位焊的跨度一般为 15 ~ 30mm。

（2）连续焊

连续焊也叫拖焊，是指焊枪缓慢、匀速稳定地向前运动，中间没有停顿电弧，从而形成一道连续焊缝的焊接方法，如图 5-3 所示。连续焊操作时应保持姿势稳定，焊枪通常倾斜 10° ~ 15°，握焊枪的手均匀直线运行，这样可以清楚地观察熔池，从而得到高度和宽度恒定的焊缝。

图 5-3　连续焊

（3）塞焊

塞焊也称填孔焊，是指在外面的一块或若干块焊接件上钻孔，电弧穿过此孔，进入里面的焊接件，这个孔被熔化的金属填满并将焊接件焊接在一起，如图 5-4 所示。采用塞焊焊接不同厚度的焊接件时，应将较薄的焊接件放在上面，并在较薄的钣金件上冲出或钻出较大的孔，这样才能保证下部较厚的焊接件先熔化。

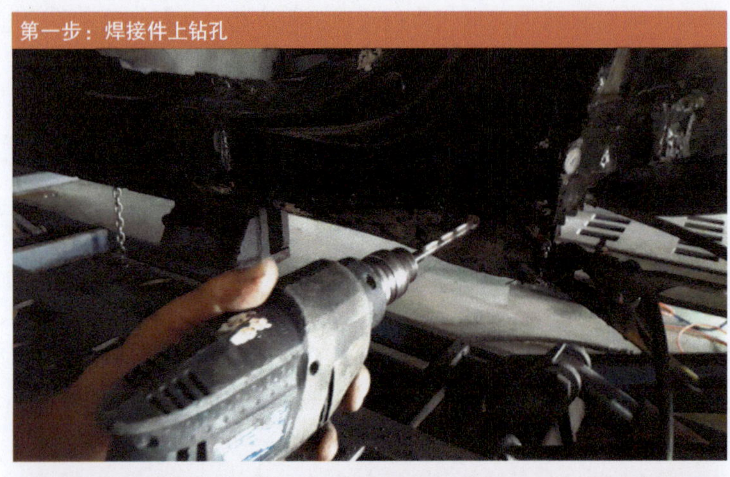

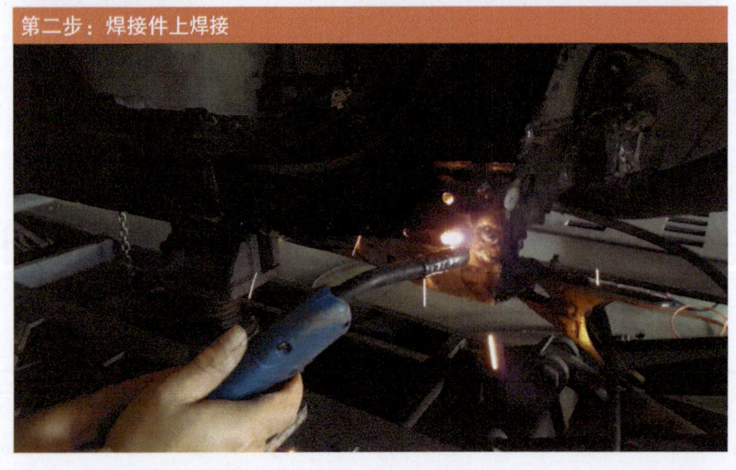

图 5-4　塞焊

（4）点焊

点焊就是送丝定时脉冲被触发时，将电弧引入被焊的两块焊接件，使其局部熔化的一种焊接工艺，如图 5-5 所示。大多数 CO_2 保护焊机内部安装有定时器，在一次点焊后，便会自动切断送丝装置并关闭电弧，间隔一定时间后，才能重新进行下一次点焊，开关触发一次只能焊接一个焊点，因此无论将焊枪开关触发多长时间，都不起作用，但如果将触发器松开，然后再次启动，便可进行下一次点焊。

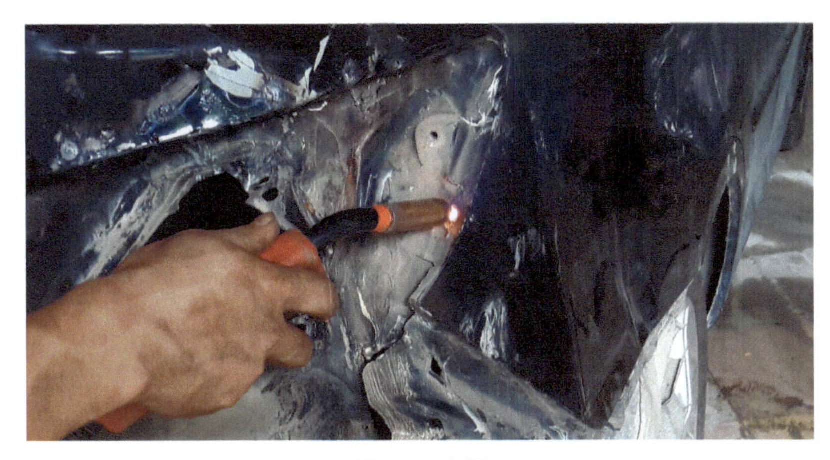

图 5-5 点焊

二、技能演示

1. 设备参数的调节

（1）电弧电压调整（图 5-6）

电弧电压作为参数调整的一个重要指标，当电弧电压较大时，焊接飞溅物增多，喷嘴、导电嘴容易烧蚀；当电弧电压过低时，会出现“噼啪”声或引弧困难。只有电弧电压调整到适当的数值时，焊接部位将连续发出持续、平缓的“嘶嘶”声。

图 5-6 电弧电压调整旋钮

（2）送丝速度调整（图 5-7）

送丝速度的快慢可以通过视觉、听觉和手感等进行感知，送丝速度较慢时，随着焊丝在熔池内熔化并熔敷在焊接部位，焊丝容易出现回烧现象，此时亮度增加，焊纹不亮。送丝速度较快时，握枪的手会有反冲力，焊丝不能充分熔化，飞溅增多，此时的视觉信号为频闪弧光。只有调到合适的送丝速度时，才会感觉焊接顺畅，焊接声音连贯，无断断续续，焊纹较亮。

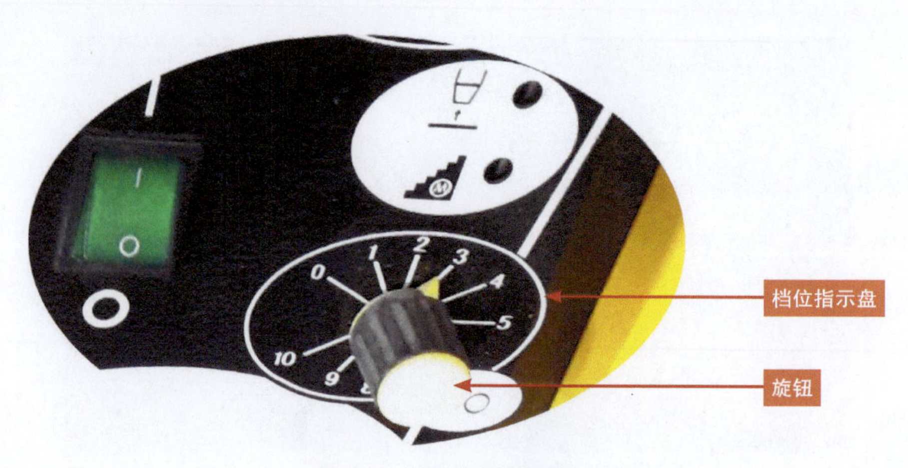

图 5-7　送丝速度调整旋钮

（3）CO_2 气体的流量控制

CO_2 气体流量应该适中，太小将起不到保护作用或保护效果较差，太大将会成涡流，同样也会降低保护效果。气体流量应根据喷嘴和焊接件之间的距离、焊接速度、焊接周围空气流动等情况进行调整。

（4）焊接速度控制

焊接速度应根据焊缝类型、焊接件厚度、焊接电压等因素做出相应调整，如果焊枪的移动速度较快，焊接熔沫和焊缝的宽度都会减小；如果焊枪的移动速度慢，则焊缝的宽度会相应增加。此外，焊接时的站姿和抓握焊枪的姿势一定要稳，否则也会影响焊接质量。

（5）喷嘴的调整及清洁

焊丝伸出喷嘴 4~7mm 为宜，而且应经常清洁喷嘴上的飞溅物，因为喷嘴为内外层结构，中间有绝缘层隔绝，如果焊接时的熔滴或飞溅物落入喷嘴，CO_2 将不容易流出，还会阻碍焊丝送出，影响焊接质量。

2. 焊接工艺

以后翼子板与后轮罩及连接板连接处的焊接方法为例，焊接工艺如下：

（1）将后翼子板与后轮罩及连接板连接处用压力钳将相邻构件的边缘夹紧，如图 5-8 所示。

图 5-8　压力钳夹紧后翼子板与后轮罩

（2）在后翼子板与后轮罩 2 块金属板叠在一起，然后在后翼子板上用电钻钻一排小孔，如图 5-9 所示。

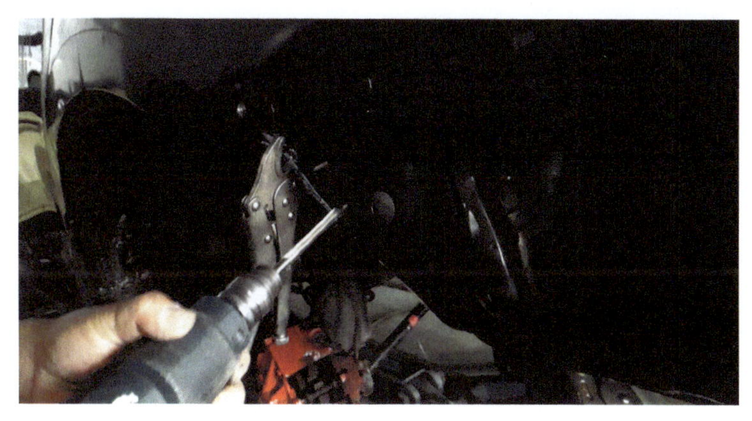

图 5-9　在后翼子板上钻小孔

（3）使用 CO_2 气体保护焊机进行塞焊。塞焊的操作就是将电弧穿过钻孔，进入里面的后轮罩钣金件，这个孔被熔化的金属填满并将后翼子板与后轮罩焊接在一起，如图 5-10 所示。

图 5-10　塞焊焊接后翼子板与后轮罩

（4）后翼子板与后轮罩塞焊后效果如图 5-11 所示。最后，用砂轮机将焊点修整平整。

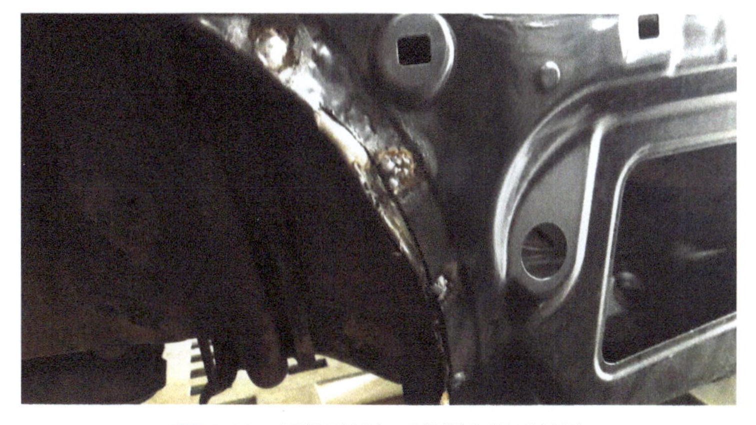

图 5-11　后翼子板与后轮罩塞焊后效果

习　题

一、填空题

1. CO_2 气体保护焊主要由__________、__________、__________、__________、__________等部件组成。

2. CO_2 气体保护焊是采用__________气体作为保护介质。

3. CO_2 气体保护焊的类型主要有__________、__________、__________、__________。

二、问答题

1. 什么是定位焊?

2. 什么是连续焊?

3. 什么是塞焊?

4. 什么是点焊?

5. 如何调节 CO_2 气体保护焊设备参数?

6. 简单介绍 CO_2 气体保护焊的焊接工艺。

项目六 塑料焊枪的焊接工艺

一、理论知识

1. 塑料焊枪的焊接原理

车身塑料件焊接通常采用塑料焊枪，它是采用陶瓷或不锈钢加热元件来产生热空气，热空气的温度为 230 ~ 340℃。热空气通过焊嘴吹到车身塑料件及焊条上，使其软化，将加热后熔化的塑料棒压入接缝即可。在焊接过程中，塑料的收缩量较金属大，所以在焊接时应多留焊接余量。典型塑料焊枪如图 6-1 所示。

图 6-1 典型塑料焊枪

2. 塑料焊枪的使用方法

1）操作前，检查塑料焊枪焊嘴及枪身螺钉是否松动或脱落，电源线是否完好，然后将塑料焊枪接到 220V 电源上，如图 6-2 所示。

图 6-2　将塑料焊枪接到 220V 电源上

2）使用塑料焊枪时必须轻拿轻放，以免碰坏焊枪内的耐热陶瓷条。

3）焊接时注意焊嘴和枪头部位不要过于靠近人体、衣物以及塑料焊枪电源线，以免烫伤和烧熔电源线。

4）严禁把塑料焊枪当作电吹风等其他用途使用。

5）必须根据塑料钣金件的厚薄和塑料焊枪的功率大小，随时调节塑料焊枪的温度（图 6-3），工作温度保持在 230~340℃，严禁将塑料焊枪管烧得过热进行焊接。

图 6-3　调节塑料焊枪的温度

6）焊接过程中，如塑料焊枪出现异常的响声等现象，应立即关闭或切断电源。

7）焊接完毕，必须按照正确的操作顺序进行关闭。把塑料焊枪轻放于工作台上，避免枪头与塑料钣金件、电源线接触。将调压器调到零位，保持足够长的冷却时间，以免损坏塑料焊枪。

8）待塑料焊枪冷却后，切断电源，清扫工作场地，整理工具和材料。

二、技能演示

1. 操作准备

首先清洗塑料钣金件表面的油污，将破裂的部位修剪成 V 形坡口，如图 6-4 所示。当塑料件钣金件的变形与断裂并存时，应先进行热矫正。

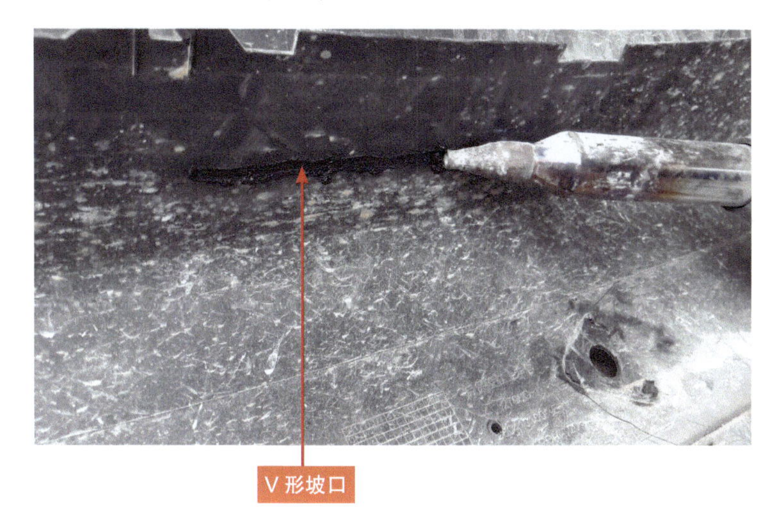

图 6-4　V 形坡口处理

2. 焊接工艺

1）将焊接温度调节到适当值。

2）选取适用于塑料件类型的焊条。

3）焊接开始时，焊嘴与塑料件表面平行，焊嘴离焊缝 12~13mm，塑料焊枪倾角为 30°。如图 6-5 所示，焊条垂直于塑料件（倾角为 90°），焊条置于焊缝起点，同时将焊条压进 V 形焊缝坡口，通过加热量来调节熔化速度。

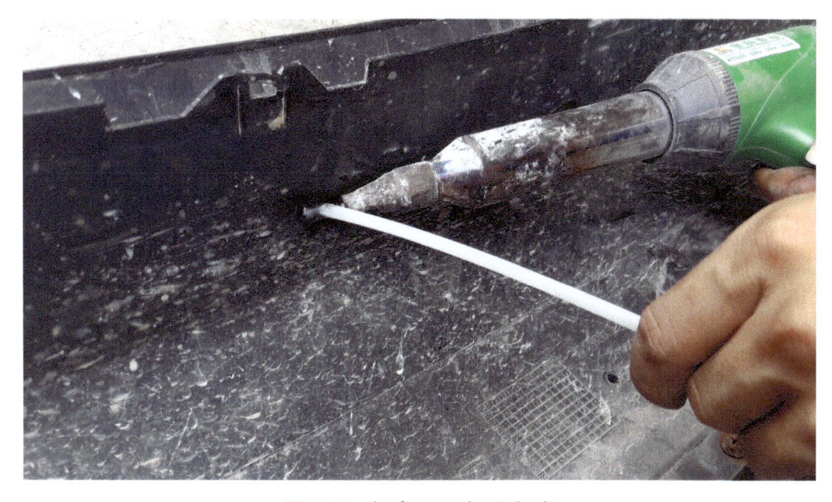

图 6-5　焊条置于焊缝起点

4）如图 6-6 所示，在正常焊接阶段，一只手向焊条施加压力，同时用塑料焊枪的热量把焊条和塑料件加热并保持扇展动作，使之保持适当的平衡。

5）当需要另接一根焊条时，应在焊条尚未太短而不够连接之前即停止焊接。随后将焊条和塑料件接触快速切断。新焊条也切成 60°，以保持接合处平滑过渡。

图 6-6 正常焊接阶段

习 题

问答题

1. 塑料焊枪焊接原理是什么？

2. 塑料焊枪的使用方法是什么？

3. 塑料焊枪的焊接工艺是怎么样的？

项目七 钣金件的切割工艺

一、理论知识

1. 钣金件切割部位的选择

车身结构性钣金件与整体式车身焊接在一起，从散热器支架到后端是一个整体框架，拆卸这类钣金件时需要进行切割。切割车身结构性钣金件时，应充分了解各构件的性能，不可切割设计防碰撞缓冲区域、涉及汽车性能区域以及关键性尺寸控制区域的钣金件，这是钣金件切割应遵守的统一原则。具体切割部位的选择如下：

1）切割部位尽可能选择在构件与构件之间的接合处。

2）对承载式车身而言，切割部位须避开车身设置的挤压区（如发动机舱、行李舱等）、悬架安装位置、尺寸参照基准孔、发动机和传动系统安装位置等。

3）切割部位须避开构件加强板的支撑点少，如加强肋板、加强盘等。

4）切割部位须避开应力集中部位，构件切割后不应造成新的附加内应力，如切割线不能选择在两构件垂直交接处等。

5）切割部位应兼顾到切割作业的难易程度，如是否便于切割，需拆装的相关零件多少与难易程度等。

2. 钣金件切割方法

钣金件切割方法主要有氧-乙炔火焰切割和砂轮机切割等，主要内容如下：

（1）氧-乙炔火焰切割（图 7-1）

氧-乙炔火焰切割虽然具有切割能力强、切断效率高等优点，但也存在许多缺点：一是切割部位会因为受热而变形，为了焊接新件，需要对切割部位进行整形，这样就增加了一定的工作量；二是对于结构性钣金件的内部结构来讲，由于氧-乙炔火焰的温度超过 1500℃，会使切割区域的金属晶界发生氧化或熔化，使防腐层损失，造成金属过早锈蚀。

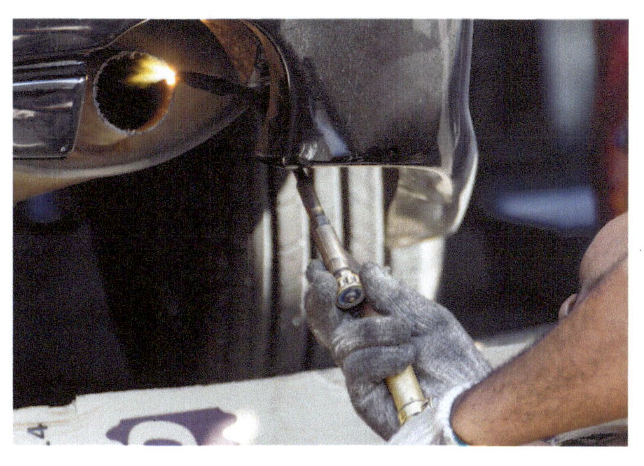

图 7-1　氧-乙炔火焰切割

（2）砂轮机切割（图 7-2）

用砂轮机切割可以获得整齐的切痕，适于断面尺寸不大的小板类构件，如窗柱、门柱、门槛板、排气管等。因为使用砂轮机切割不仅可以避免氧-乙炔火焰切割时热变形，解决切割区域金属材质发生变化和防腐层受损的问题，并可完全按照事先在车身上画出的区域进行切割，误差很小，太大提高了修车质量。但是操作时必须要注意安全防护，避免砂轮片意外脱落造成意外事故。

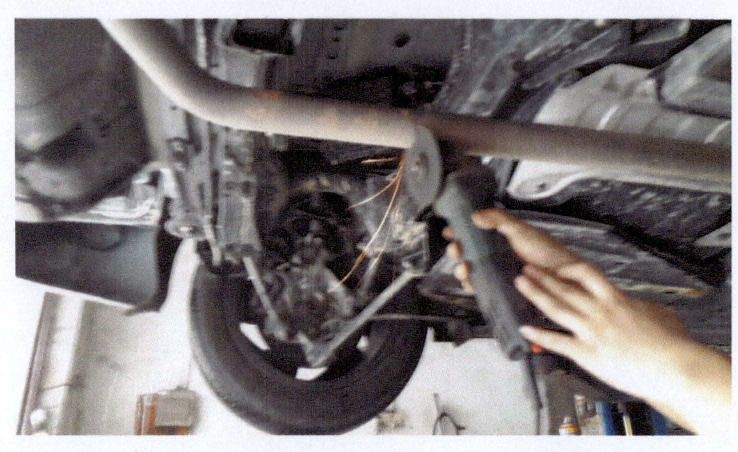

扫一扫 看视频

图 7-2 砂轮机切割

二、技能演示

1. 操作准备

1）首先用卷尺按照需要切割部位的尺寸要求在大梁上做标记，如图 7-3 所示。

2）调节好氧-乙炔火焰，如图 7-4 所示。

图 7-3 在大梁上做标记

图 7-4 调节氧-乙炔火焰

2. 切割工艺

1）如图 7-5 所示，经观察比较无误后，用氧-乙炔进行切割。氧-乙炔火焰切割主要适于对较厚结构性钣金件的切割，如底板横纵梁、车架、骨架、支柱等，对于厚度较薄的车身钣金件，为使割缝小一些，应选用小号割嘴。

2）切割后的断口应平整，如图 7-6 所示。

图 7-5　进行切割

图 7-6　切割后的断口

习　题

一、填空题

1. 钣金件切割是原则是，不可切割____________、____________以及____________的钣金件。

2. 钣金件切割方法主要有____________和____________等。

二、问答题

1. 钣金件切割部位如何选择？

2. 氧-乙炔火焰切割的工艺是怎样的？

项目八 前部碰撞的矫正工艺

一、理论知识

1. 前部碰撞的特点

如图 8-1 所示，汽车前端发生正面碰撞损伤时，碰撞的冲击力主要取决于汽车的质量、速度、碰撞范围及碰撞源。碰撞较轻时，保险杠会被向后推，前纵梁及内轮壳、前翼子板、前横梁及散热器框架会变形；如果碰撞程度加大，那么前翼子板就会弯曲变形并移位触到车门，发动机舱盖铰链会向上弯曲变形并移位触到前围盖板，前纵梁变形加剧导致副梁变形；如果碰撞程度更剧烈，前立柱将会产生变形，使车门开关困难，甚至造成车门变形；如果前部碰撞从侧向而来，由于前横梁的作用，前纵梁就会产生变形。前部碰撞常伴随着前部灯具及格栅破碎、冷凝器、散热器及发动机附件损伤、车轮移位等。

图 8-1　前部碰撞

2. 前部碰撞的受力分析

当汽车前部发生碰撞时，如果碰撞力过大，则碰撞引起的震动就会从碰撞点的一侧传递至另一侧的前部构件并引起其车身变形。车身正面碰撞时力的传递如图 8-2 所示。如果碰撞程度较轻，保险杠会被向后推，前侧梁、保险杠支撑、前翼板、散热器支座、散热器上支撑和机舱盖锁紧支撑等也会被折曲。

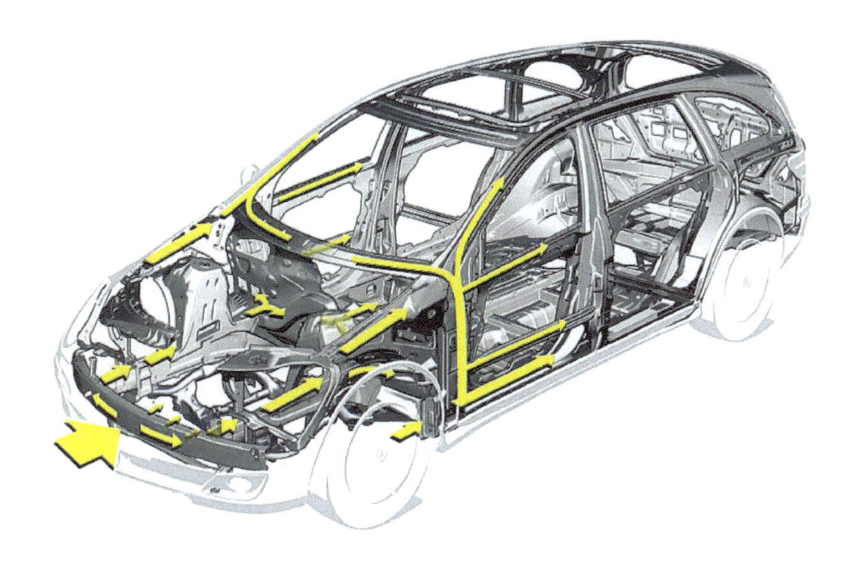

图 8-2　车身正面碰撞时力的传递

3. 前部碰撞矫正方法

前部碰撞矫正方法如图 8-3 所示。

（1）利用台架式矫正仪矫正前部碰撞

车身结构是用高强度钢制造而成的，因此在拉拔修复过程中最好不要采用一次拉拔到位的方法，而应当采用“拉拔—短暂停顿—拉拔—短暂停顿”的拉拔程序，以便对结构件边修整、边检查。拉拔时，液压系统的起动应缓慢仔细，应密切注视拉拔变形情况，看其是否按照设想的拉拔程度进行，如果是，则可继续进行拉拔，否则应找出原因，调整拉拔角度和方向，然后试着进行拉拔。结构件通过拉拔后可以使皱折变形部位部件拉回原形，然后用手锤敲打使其消除应力。如果某些部位皱折严重，以致在拉拔中有可能出现撕裂损坏，需要对其表面进行加热，使钢板变软后进行拉拔，但加热时要控制好加热的时间以免加热过度。

图 8-3　前部碰撞矫正方法

（2）利用手动葫芦矫正前部碰撞

当前部碰撞只是出现轻微的变形，如散热器框架出现变形，此时可以将拉拔器固定在散热器框架变形的部位，然后通过操纵手动葫芦来拉拔矫正散热器框架的变形，如图 8-4 所示。

图 8-4 矫正散热器框架

二、技能演示

1. 操作准备

将汽车驶上或推上平台，然后撤掉上车斜桥，最后拉紧驻车制动器，并将车轮固定，使汽车停稳在矫正仪平台上。车身固定一般在车门槛板上，采用 4 个车身固定夹具，夹具下部与台架横梁固定，上部则通过夹板、螺栓与车身门槛下边缘牢固地连接在一起，如图 8-5 所示。

图 8-5 车身固定

为了适应不同的车身宽度，一般固定架还可以沿车身的宽度方向水平滑动。如果车身的宽度与台架的差距较大，也可以借助贯通的中间轴或拉臂通过链条将车身固定在台架上，如图 8-6 所示。

图 8-6 用链条将车身固定在台架上

2. 矫正工艺

（1）矫正方法

如图 8-7 所示，首先把拉塔和链条移动到车身损坏的部位，然后将链条与车身前部碰撞位置固定连接好，调整拉伸环在合适高度按与撞击相反的方向拉拔损坏侧的纵梁或钣金件，然后修复侧翼子板内加强板和纵梁，最后修复损坏侧的翼子板内加强板和纵梁的安装部位。

修理过程中，应不断地测量车身前部对角线长度，并矫正其距离。此外，可同时拉拔纵梁与翼子板内加强板上部的加强件。如果修理侧的纵梁朝外侧偏斜，则应朝前转一角度拉拔，同时要注意监测对角线的变化；如果修理侧的纵梁朝内侧偏斜，则应直接向前拉拔；如果修理侧的纵梁损伤严重，则应在对角线长度正确的点处把横梁和散热器上固定板拆开，分别进行修理。

图 8-7 用拉塔和链条矫正车身

（2）拉伸操作方法及注意事项

1）拉伸操作前，检查链条、钣金工具、拉环是否完整，没有破损、裂口、大划伤方可使用。

2）拉伸时，塔柱紧固螺栓要拧紧，导向环高度不能超过警戒红线。

3）检查链条、锁紧机构，链条不能扭曲，所有链节在一条直线上，导向环手轮拧开。

4）注意拉伸力不要超过链条额定载荷。

5）拉伸时不要敲击钣金工具及链条。

6）拉伸时，相关人员不要与链条受力方向在同一条直线上。

7）当拉伸力比较大时，应在拉力方向相反一侧用链条将车辆固定在平台上，如图 8-8 所示。

8）启动液压油泵，开始拉伸工作。

图 8-8 相反一侧用链条将车辆固定在平台上

习　题

问答题

1. 前部碰撞有什么特点？

2. 前部碰撞矫正方法是什么？

3. 如何固定车身？

4. 如何拉拔矫正车身？

项目九　后部碰撞的矫正工艺

一、理论知识

1. 后部碰撞的特点

如图 9-1 所示，汽车后端发生正面碰撞时，碰撞的冲击力主要取决于撞击物的重量、速度及汽车的被碰撞部位、角度和范围。如果碰撞较轻，通常后保险杠、行李舱、后围板及行李舱底板可能压缩弯曲变形；如果碰撞较重，D 柱下部前移，D 柱上端与车顶接合处会产生折曲，后门开关困难，后风窗玻璃与 D 柱分离，甚至破碎。碰撞更严重会造成 B 柱下端前移，在车顶 B 柱处产生凹陷变形。后端碰撞常伴随着后部灯具的损坏等。

2. 后部碰撞的受力分析

在汽车的后部由于有吸能区，碰撞时一般只在车身后部发生变形，保护中部车室的完整和安全，但是当碰撞力过大时前部构件也会引起其车身变形，如图 9-2 所示。

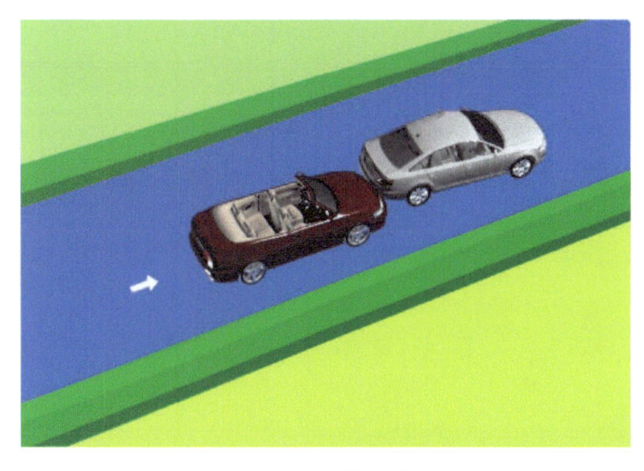

图 9-1　后部碰撞

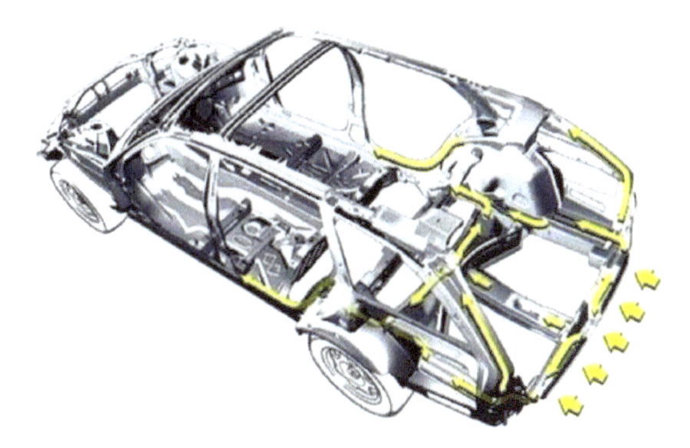

图 9-2　车身后部碰撞时力的传递

3. 后部碰撞矫正方法

（1）后纵梁矫正方法

1）矫正操作　如图 9-3 所示，首先将夹持器或挂钩固定在后纵梁、行李舱地板的后部，然后边拉拔、边对车身下部每个尺寸进行检测。在后纵梁被挤进轮罩或者后门缝有变形的情况下，不要夹持及拉拔变形不大或未出现变形的翼子板，应只对纵梁进行拉拔来消除翼子板内的变形应力。

拉拔时所设定的牵引方向应视变形的实际情形而定。如果纵梁变形向外倾，应将牵引方向适当向外倾斜一定的角度；如果变形是向内倾的，只需向前牵引即可，待弯曲的纵梁复位后再确定是否需要调整牵引方向。牵引过程中应不断测量车身关键参数，循序渐进地施加牵引力，不要急于求成一次进行拉拔，以免造成二次损伤。对于弯曲较为严重的纵梁，当纵向牵引不能使其完全复位时，还要于侧面附加水平方向上的牵引力。

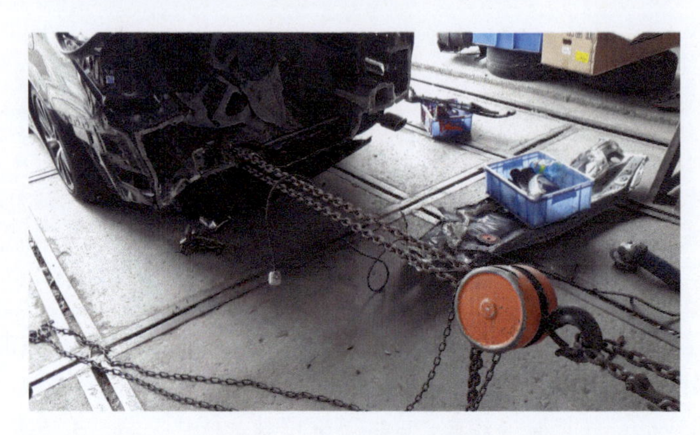

图 9-3　后纵梁矫正方法

2）矫正注意事项　在拉伸矫正后纵梁的过程中，有一些钣金工会对纵梁损伤区域使用氧乙炔焊进行加热，然后再进行拉拔。因为纵梁加热后比较容易拉拔，但是加热过程中易导致纵梁钢板的晶粒变得粗大，从而造成钢板强度降低，所以在对车身进行维修时，应尽量避免加热，尤其是加强件、梁等部位一定不可以用加热的方式进行维修。如果非要加热，加热面积应尽量小，加热温度不超过 700℃（暗红色）为宜，矫正后需缓慢冷却。

（2）后围板矫正方法

追尾碰撞造成的后车身变形，如果只是后围板的轻度变形，可用夹具置于后围板内侧固定拉链进行拉拔矫正，如图 9-4 所示。牵引时牵引点尽量布置得分散些，以免发生局部变形。但是如果后围板存在严重变形，则需要将损坏的后围板用氧乙炔焊切割掉，然后对车身进行矫正。当后尾部矫正完成后，用一块新的后围板重新焊接上去即可。

图 9-4　后围板矫正方法

二、技能演示

1. 操作准备

1）根据行李舱损坏的情况首先将后围板拆除，如图 9-5 所示。拆卸时先去除后围板连接区缝隙的密封剂，然后用电钻钻开后围板与后翼子板的连接处，后围板与后翼子板在行李舱内部的连接处，后围板与后地板、后纵梁及后翼子板连接处等部位的焊接点，最后拆下后围板。

2）准备好撑顶器、钣金锤等工具。

图 9-5　后围板拆除

2. 矫正工艺

1）对于后部碰撞造成行李舱变形的，先测量行李舱的每个尺寸（图 9-6），然后确定其最佳的矫正方法。确定修复方法后，才能进行拉拔或撑顶工作。

图 9-6　测量行李舱的每个尺寸

2）如图 9-7 所示，操作时，首先将撑顶器的连接杆固定在两边的支点上，然后按压手柄使液压杆伸长来矫正行李舱的变形。

图 9-7　矫正行李舱

3）对于修复后微小的变形量，可以使用拉拔器进行矫正，如图 9-8 所示。拉拔时用螺纹尖头钩住所钻的孔，按照与碰撞力相反的方向用惯性锤轻轻敲打手柄慢慢修复。当将变形基本上拉拔修复好后，用一只手稳定住拉拔器不动，再用钣金锤轻轻敲打变形部位的边缘，以消除板件内部集中的应力。

图 9-8　用惯性锤拉拔修复

4）当行李舱变形基本矫正后，换上新的后围板，如图 9-9 所示。安装后围板的方法如下：

① 用砂轮机将后围板焊接处的表面进行打磨除锈，然后在焊接后不能再触及的部位涂一薄层防锈漆，防止金属钣金件发生锈蚀。

② 将后围板固定在合适位置，必要时进行定位焊，然后检查后围板下板两个方孔中心距离、左右后翼子板之间距离、行李舱盖与后围板配合间隙，确保位置准确无误后方可进行焊接作业。

③ 使用 CO_2 气体保护焊焊后围板与后地板、后纵梁、后翼子板连接处，后围板与后翼子板在行李舱内部的连接处，后围板与后翼子板在尾灯底板处的连接处等。

图 9-9 换上新的后围板

习 题

问答题

1. 后部碰撞有什么特点？

2. 后部碰撞的矫正方法是什么？

3. 行李舱变形如何矫正？

项目十　侧面碰撞损坏的矫正工艺

一、理论知识

1. 侧面碰撞的特点

当汽车发生侧面碰撞时，对于严重的碰撞，车门 A、B、C 柱以及车身底板都会变形；当汽车遭受侧向力较大时，惯性会使另一侧的车身产生变形；当前后翼子板中部遭受严重碰撞时，还会造成前后悬架零部件的损伤；前翼子板中后部遭受严重碰撞时，还会造成转向系统中横拉杆、转向器齿轮齿条的损伤。如图 10-1 所示，侧面碰撞导致右侧车门变形。

2. 侧面碰撞的受力分析

当前翼子板或后顶盖侧板受到垂直方向较大的碰撞时，振动波会传递到汽车相反一侧并引起车身变形，如图 10-2 所示。

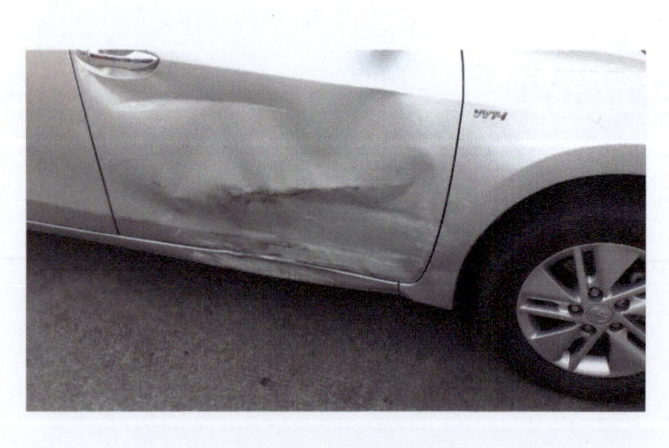

图 10-1　侧面碰撞

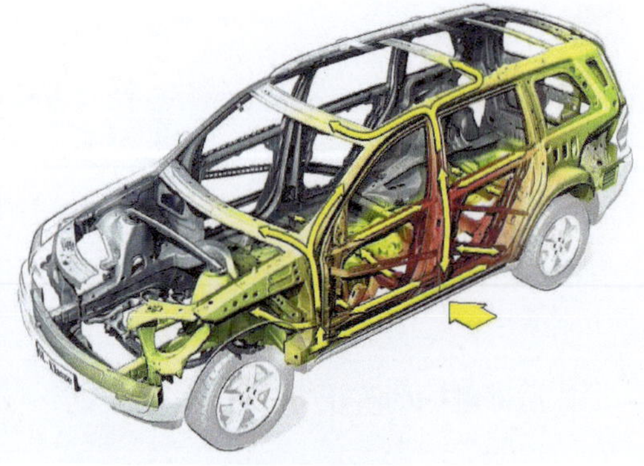

图 10-2　车身侧面碰撞时力的传递

3. 侧面碰撞矫正方法

（1）前侧面碰撞矫正方法

前侧碰撞造成的前车身变形，如果只是前围板轻度变形，可以在前围板上焊接一块或几块牵引铁，使用拉链牵拉牵引铁进行拉拔矫正，如图 10-3 所示。牵引时牵引点尽量布置得分散些，以免发生局部变形。根据变形情况的不同，使用拉塔拉伸变形部位，一边拉拔、一边测量，直到所有变形都恢复到原车尺寸的要求，再安装翼子板。

图 10-3　前侧面碰撞矫正

（2）后侧面碰撞矫正方法

将夹持器或挂钩固定在车身侧板上，然后边拉拔、边对车身的每个尺寸进行测量，如图 10-4 所示。在后纵梁被挤进轮罩或后门缝有变形的情况下，不要夹持及拉拔变形不大或未出现变形的翼子板，应只对纵梁进行拉拔来消除翼子板内的变形应力。

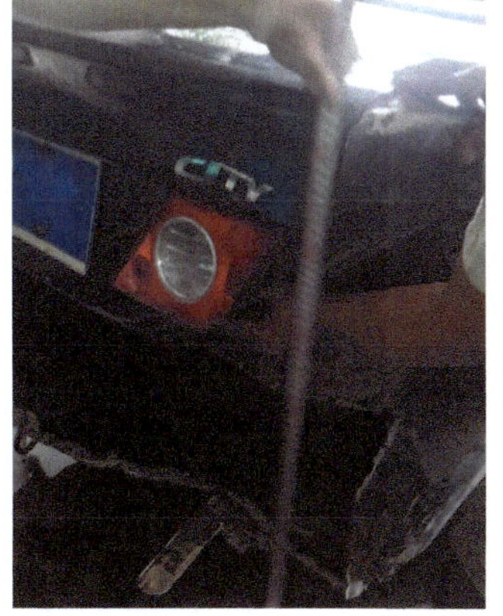

图 10-4　边拉拔、边对车身进行测量

二、技能演示

1. 操作准备

1）在侧面碰撞损坏部位将漆面打磨干净，如图 10-5 所示。

2）在侧面碰撞损坏部位将拉环焊接牢固，如图 10-6 所示。

2. 矫正工艺

如果碰撞程度较轻，造成车身外侧板凹陷，则对侧面进行拉拔修复。但如果碰撞严重，导致车门、门中立柱、车顶等发生变形，使前、后车身偏移，则需要针对每个部位进行慢慢拉拔修复。如图 10-7 所示，在拉拔时，对于车身的固定可根据车身的结构和拉伸矫正的需要来确定固定点。为使拉伸矫正时的车身更加稳固，避免车身变形，有时需要另外再找出几处车身固定点。

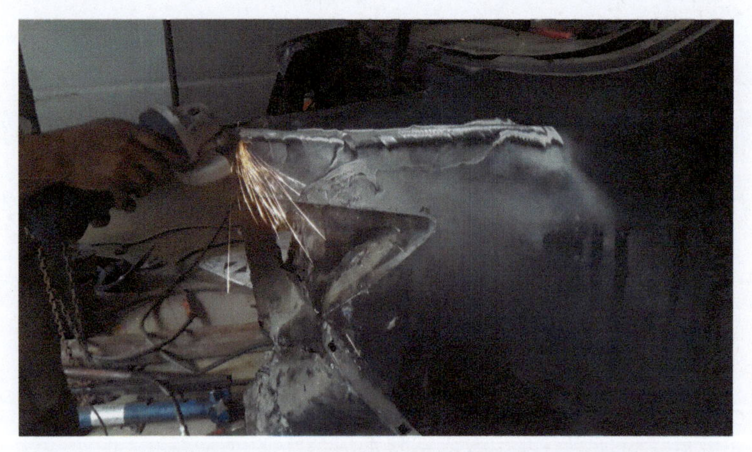

扫一扫　看视频

图 10-5　将损坏部位的漆面打磨干净

扫一扫　看视频

图 10-6　焊接拉环

图 10-7 车身侧面碰撞损坏的矫正

习　题

问答题

1. 侧面碰撞有什么特点？

2. 侧面碰撞的矫正方法是什么？

3. 侧面碰撞变形的矫正工艺是什么？

项目十一　灯座的矫正工艺与对位

一、理论知识

1. 灯座的变形量

如图 11-1 所示，当汽车发生碰撞出现灯座变形时，首先要确定灯座的变形量，然后针对灯座变形受损部位、间接受损部位及惯性效应受损部位，确定具体的修复方式。考虑在矫正拉伸过程中如何使用辅助支撑定位，以确保顺利修复。

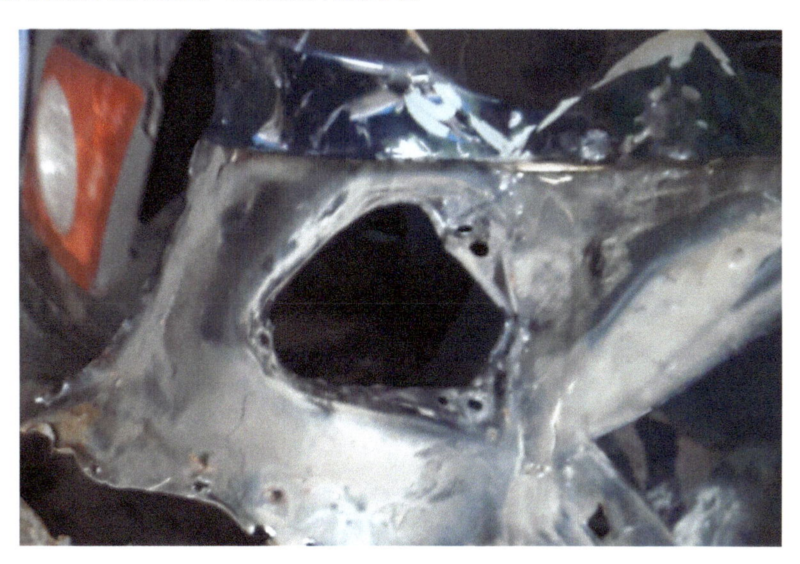

图 11-1　灯座的变形量

2. 灯座的矫正方法

首先使用锤子根据后尾灯灯座的形状缓慢地敲击，使后尾灯灯座一步步恢复原状，如图 11-2 所示。

敲击时，用手轻轻握住锤子手柄的端部，锤柄下面的大拇指和中指应适当放松；小指和无名指则应相对紧一些，使之形成一个支点，食指用于控制锤柄向下运动的力度，依靠手腕的动作来挥动锤子，并利用锤子敲击钣金件时产生的回弹力沿弧形的运动轨迹来敲击。挥动锤子的幅度要根据受力的情况来掌握，如果需要敲击力度大，则挥动锤子的幅度变大；如果需要敲击力度小，则挥动锤子的幅度变小。

图 11-2　锤击矫正

二、技能演示

1. 矫正工艺

1）首先在背面垫一块垫铁，然后使用锤子根据后尾灯灯座的形状缓慢地敲击，使后尾灯灯座一步步恢复原状，如图 11-3 所示。

扫一扫　看视频

图 11-3　敲击法修复

2）如图 11-4 所示，使用 CO_2 气体保护焊将后尾灯灯座与后翼子板的裂开部位进行定位焊接。

图 11-4　后尾灯灯座与后翼子板的裂纹定位

3）如图 11-5 所示，用铁锤将后翼子板与后尾灯灯座的裂纹压住，然后从行李舱内敲击整平裂纹。

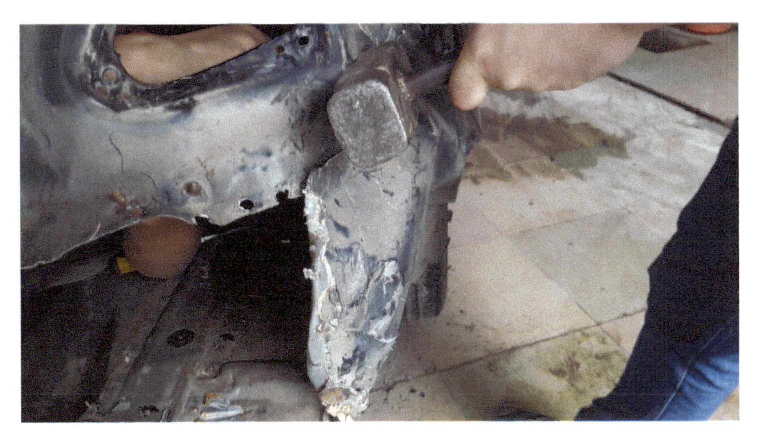

图 11-5　修整裂纹

4）一名助手用力将后尾灯灯座与后翼子板的裂纹矫正到最小位置，另一名钣金工使用 CO_2 气体保护焊继续将后尾灯灯座与后翼子板的裂开部位焊接牢固，如图 11-6 所示。

图 11-6　焊接牢固后尾灯灯座与后翼子板的裂开部位

5）如图 11-7 所示，使用钳子将行李舱密封条安装钣金边一点一点地夹紧矫正。

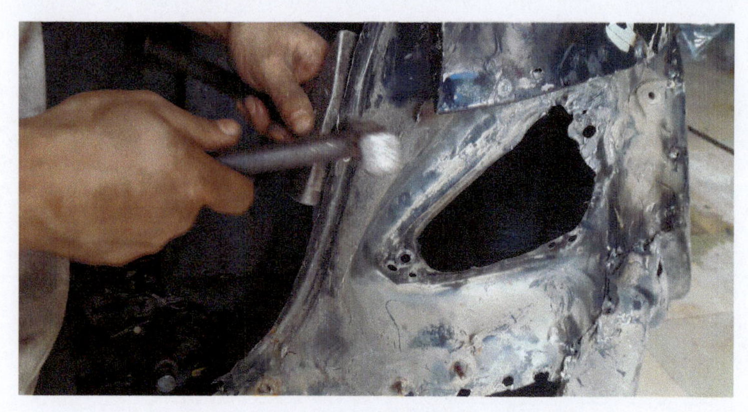

图 11-7　矫正行李舱密封条安装钣金边

6）使用锤子垫住行李舱密封条安装钣金边，再用另一把锤子缓慢地敲击修复行李舱密封条安装槽的变形，如图 11-8 所示。

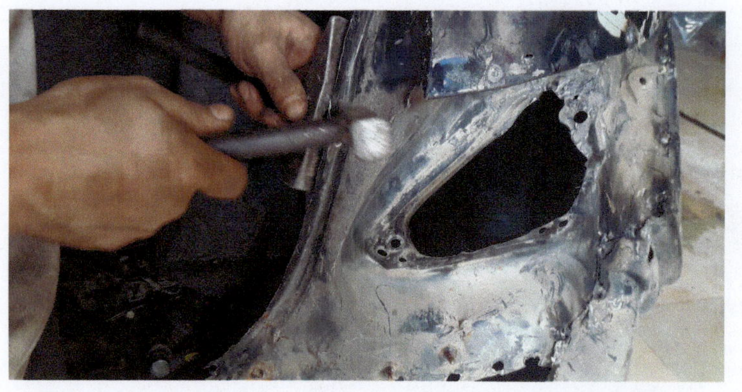

扫一扫　看视频

图 11-8　修复行李舱密封条安装槽

7）盖下行李舱盖，然后检查行李舱盖与后尾灯灯座之间的配合间隙，如果没有恢复原状，则需要重复矫正，直到完全恢复原状为止，如图 11-9 所示。如果变形基本矫正，则将后围板焊接上去。

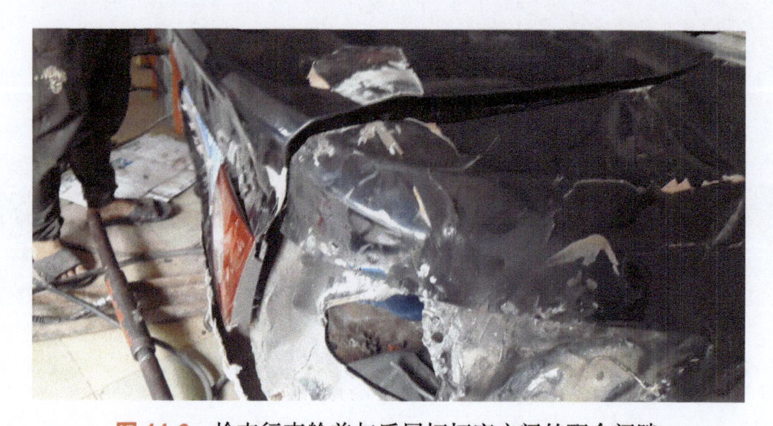

图 11-9　检查行李舱盖与后尾灯灯座之间的配合间隙

2. 灯座的对位

1）以右侧后尾灯为例，首先准备好新的右侧后尾灯，如图 11-10 所示。

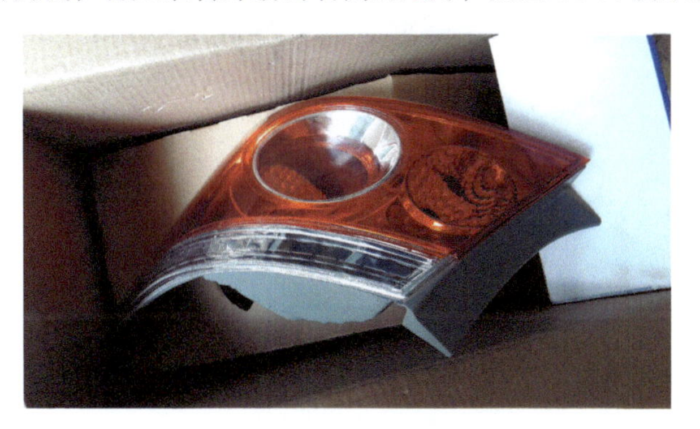

图 11-10　新的右侧后尾灯

2）如图 11-11 所示，将右侧后尾灯放置到右侧后尾灯座上，然后观察后尾灯与后尾灯座的配合间隙是否正常。

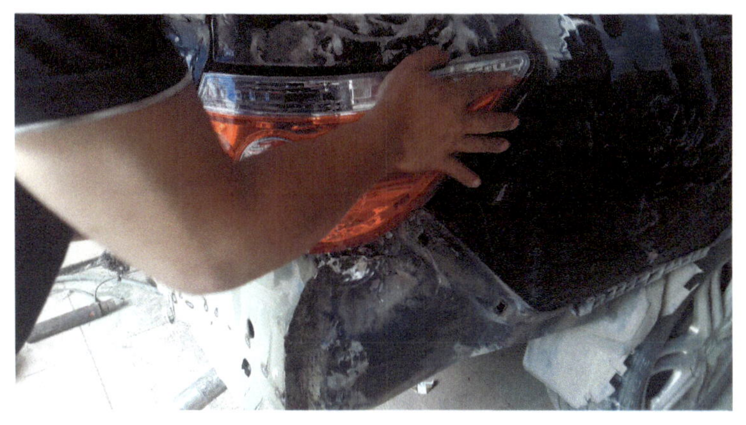

图 11-11　检查后尾灯与后尾灯座的配合间隙

3）如果发现后尾灯与后尾灯座的配合间隙不正确，则取下右侧后尾灯，然后根据对位的位置进行矫正（图 11-12），直到配合位置正确为止。

图 11-12　矫正后尾灯座

4）重新将右侧后尾灯装到右侧后尾灯座上，然后将右侧后尾灯的螺栓拧紧，最后检查右侧后尾灯装到右侧后尾灯座的配合位置，如图 11-13 所示。经过仔细检查，确保右侧后尾灯位置完全正确，再次拆卸右侧后尾灯，等到喷好油漆再安装右侧后尾灯即可。

扫一扫　看视频

图 11-13　再次检查后尾灯与后尾灯座的配合间隙

习　题

1. 灯座的矫正方法是什么？

2. 灯座的矫正工艺是怎样的？

3. 灯座如何对位？

项目十二　车身覆盖件的修复工艺

一、理论知识

1. 车身覆盖件的结构特点

车身覆盖件根据在车身上的位置不同可分为车身前部覆盖件、车身中部覆盖件和车身后部覆盖件，如图 12-1 所示。车身覆盖件一般由双层钢板组成，外侧的钢板称为外板，内侧的钢板称为内板。因内外板中部为空心，边缘点焊连接，所以刚度较大，内外板组合式车身覆盖件对拉深加工工艺要求较高，成本较高，但适用各种复杂造型，且重量轻。内外板组合式车身适于大规模生产，车身覆盖件基本都采用内外板组合式结构。

图 12-1　车身覆盖件

2. 车身覆盖件的修复方法

车身覆盖件的损坏大部分表现为车身表面凹凸变形，一般可采用锤击法（图 12-2）或顶拉法修复。车身覆盖件的损坏主要分为较小的车身凹凸变形和较大的车身凹凸变形。

图 12-2　锤击法

1）较小的凹陷　可把垫铁垫在凹处最低部位的背面，用锤敲击凸起处，并相应改变垫铁位置。当凸起处基本敲平，凹陷部位由于垫铁的反作用力，也会大部分恢复。然后观察钣金件的总体平整情况，有针对性地做一些细微的修整，即可修复车身凹凸损伤。

2）较大的凹陷　可用垫板垫在凹陷部位的背面，用撑顶工具直接顶起，为减少顶出力，必要时可把凹陷部位加热至暗红色，顶出时应考虑回弹。如表面有较大的延展性凸起，可使延展处金属适当收缩，如损伤部位难以放进垫铁，可在凹陷部位钻孔，孔数尽可能少，孔径尽可能小，然后用铁丝折成钩形，从孔内扣牢，再施以外力拉伸，待合乎要求时，抽出铁丝，焊孔磨平。

二、技能演示

1. 撑顶法修复工艺

撑顶法就是利用撑顶器对固定好的车身进行推压以矫正其变形的方法。如行李舱受撞击后下塌，造成行李舱两侧变形，行李舱盖不能闭合，此行李舱变形的重点在两侧的翼子板。用撑顶器顶在行李舱左上角和右下角之间，按压撑顶器手柄，使撑顶器两端连接杆伸长，随着撑顶器液压杆的伸长，行李舱右上角逐渐上升，翼子板也可逐渐复原，如图 12-3 所示。

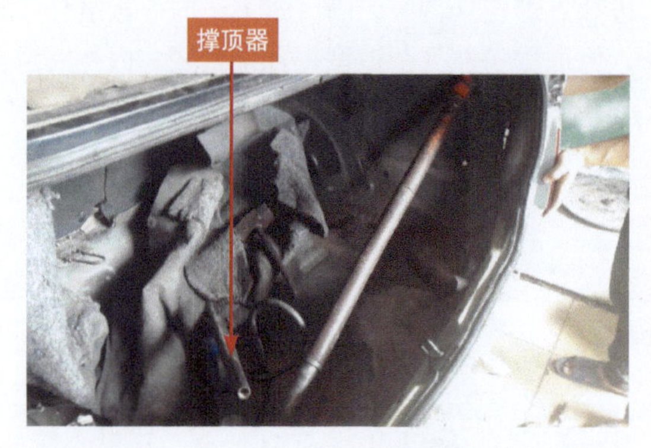

图 12-3　撑顶修复工艺

2. 惯性锤法修复工艺

1）用砂轮机将车身侧板表面的漆层磨掉，然后使用 CO_2 气体保护焊焊接拉环，如图 12-4 所示。

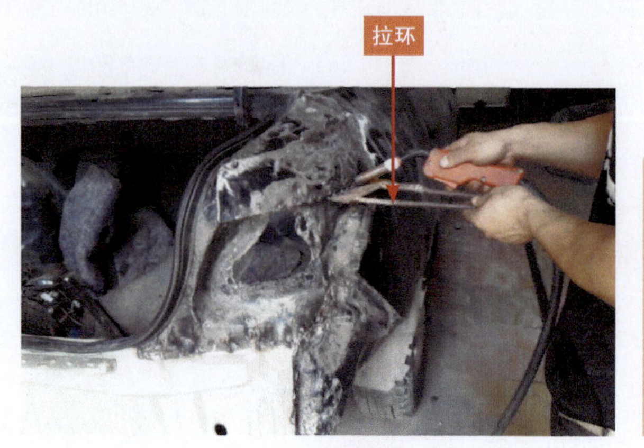

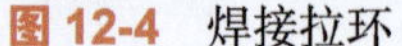

图 12-4　焊接拉环

2）如图 12-5 所示，用力拉一下拉环，确保焊接的拉环牢固，避免在拉拔时拉环突然掉落伤人的异常情况出现。

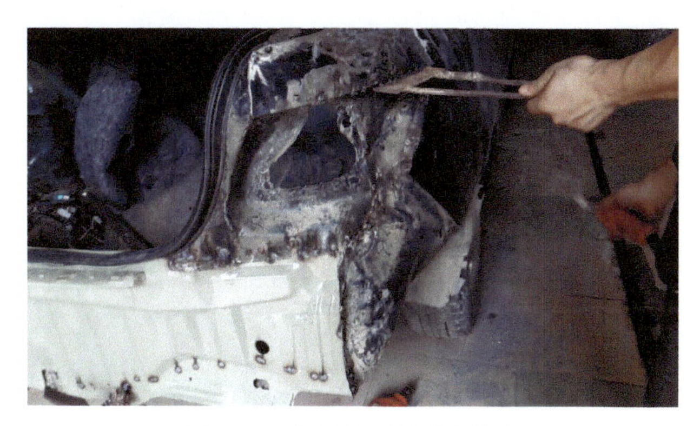

图 12-5　测试拉环的受力情况

3）如图 12-6 所示，将螺纹尖头钩住拉环并将惯性锤往下移动，然后向上快速地移动惯性锤敲打手柄，慢慢把钣金件凹陷变形拉平。

图 12-6　惯性锤修复钣金件凹陷变形

4）起动砂轮机，然后用砂轮机将之前焊接拉环的焊缝切开（图 12-7），最后上下拨松拉环即可将其取下。切开拉环的焊缝时，必须要注意安全。

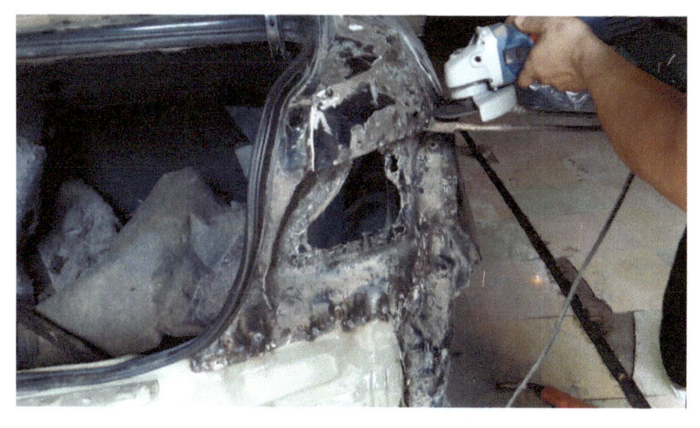

图 12-7　用砂轮机切开拉环的焊缝

5）如图 12-8 所示，用砂轮机将焊接拉环的焊痕打磨干净。

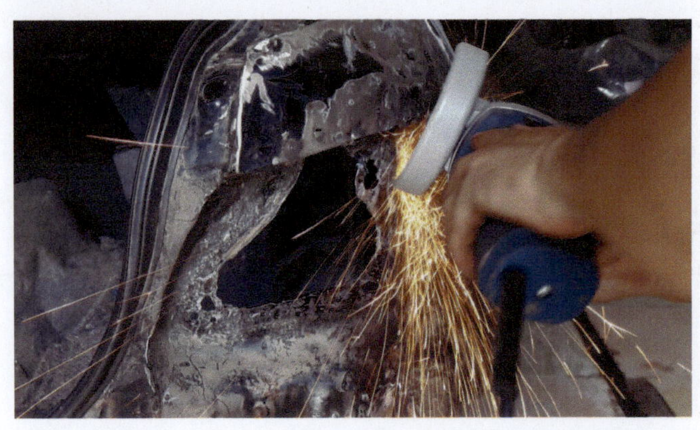

图 12-8　用砂轮机将焊痕打磨干净

3. 热矫正法修复工艺

当车身覆盖件局部受到外力碰撞挤压后，它就形成凹凸、翘曲等伸展变形，其中伸展部分厚度变薄，面积增大。为了使变形的部件恢复到原来的形状，需要采用热矫正法使伸展的部分收缩，具体的操作方法如下：

1）首先利用焊炬火焰将伸展中心加热至樱红色（图 12-9），但注意不要将车身覆盖件熔化或烧穿，加热范围的大小根据伸展程度确定，伸展程度大，加热范围大；伸展程度小，加热范围就小。

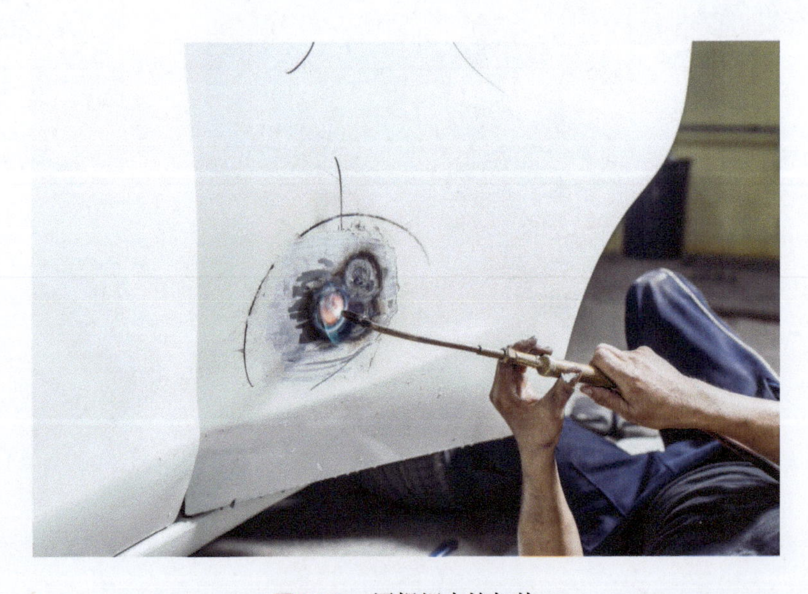

图 12-9　用焊炬火焰加热

2）如图 12-10 所示，加热后急速敲击樱红色区域的四周，并逐渐向加热点的中心收缩，迫使金属组织收缩。敲击时，应用合适的垫铁垫在部件敲击处背部，然后用铁锤轻轻敲击整平。敲击的力量要适度，敲击过重会使已经收缩的部分重新变得松弛。

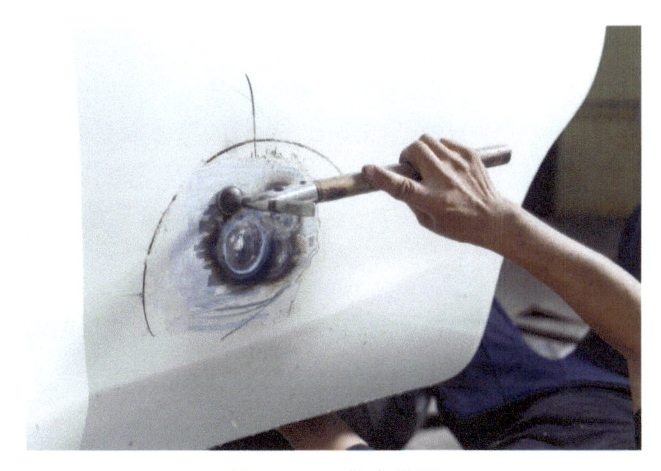

图 12-10　敲击整平

4. 拉拔车身凹坑修复工艺

对于一些无法用撑顶办法修复的车身覆盖件，如车身上双层板或多层板的部位，可以采用拔坑器修复（以电焊拔坑器为例），其优点是不用破坏内板，快捷简便；缺点是电弧容易造成较深的焊接连接点的痕迹，不易去除，所以操作时一定要注意避免焊接痕迹的产生。修复凹坑时，注意根据小坑的位置、大小、钣金件的薄厚选择合适的电流。若电流过小，则电极头与金属板粘接不上；若电流过大，易发生击穿或产生较深的焊接痕迹。具体操作如下：

1）首先用砂轮机将车身凹坑表面的漆层打磨干净。

2）操作前，检查电极头是否清洁，清除氧化层。若不清除氧化层，则会产生焊接不良，焊点无法承受将坑拉起的拉力。对小坑表面也要进行清洁，防止因油污发生炸点。

3）如图 12-11 所示，将拔坑器的地线搭接导电良好的车身表面。将拔坑器的电极头保持垂直状态抵触在小坑的中心位置上，按下按钮接通电源，使电极头焊接到车身表面。

4）用合适的力度延垂直方向缓慢将小坑拔起至略高于基准面，然后沿轴线方向旋转，使电极头脱离车身（此时如果脱离轴线，将会导致焊接处变形）。

5）用砂轮机将车身凹坑的痕迹打磨干净。

图 12-11　拉拔车身凹坑

5. 免喷漆车身凹陷修复工艺

免喷漆车身凹陷修复主要针对车身覆盖件，如翼子板、车门以及机舱盖、车顶等部件进行的无痕修复技术，特点是可以在不损伤原车漆面的条件下将车身覆盖件恢复原车的弧度或形状。免喷漆车身凹陷修复主要是利用光线折射的视觉效果判断车身凹陷的具体位置和程度，应用杠杆原理从凹陷的背面完成推、拉、顶等动作，逐渐将车身凹陷恢复原状，实现对车身凹陷的快速修复。以车顶的小凹陷为例，免喷漆车身凹陷修复工艺如下：

（1）凹陷拔起器修复凹陷

1）使用定影灯观察凹陷的损坏情况，以便制订更好的修复方法。

2）确定修复方法后，选择好凹陷修复工具（包含凹陷拔起器及尼龙拔头等），如图 12-12 所示。

图 12-12　凹陷修复工具

3）对凹陷进行观察分析，使用涂胶枪把已经加热的胶小心地涂在尼龙拔头上，然后将涂过胶的尼龙拔头立即粘接在凹陷的中心位置上，同时向下按紧尼龙拔头并停留 2~5min，使尼龙拔头粘接牢固，根据车身凹陷的面积来确定尼龙拔头的安装数量。

4）如图 12-13 所示，将凹陷拔起器套在尼龙拔头上，然后用适当的力按压凹陷拔起器的手柄，使凹陷慢慢地恢复到原始的位置。如果拔的力过大，会使凹陷上拱，使用橡胶锤修平整即可。

图 12-13　修理车身上的凹陷

5）使用残留胶清洗剂喷向凹陷涂胶处，使试剂能从胶体的后面渗入，然后小心取下尼龙拔头。

6）使用定影灯观察修复情况，确保完全恢复原始的位置后将其表面清洁干净即可。

（2）撑顶工具修复凹陷

首先拆开车顶的顶篷，然后将撑顶工具从顶篷上伸入，注意观察撬棍头部的位置，逐渐将撬棍头部对准凹陷的最低点，然后向上顶起凹陷，将其慢慢地顶回到原始的位置，如图 12-14 所示。如果撑顶的力过大，会使凹陷上拱，使用橡胶锤修平整即可。

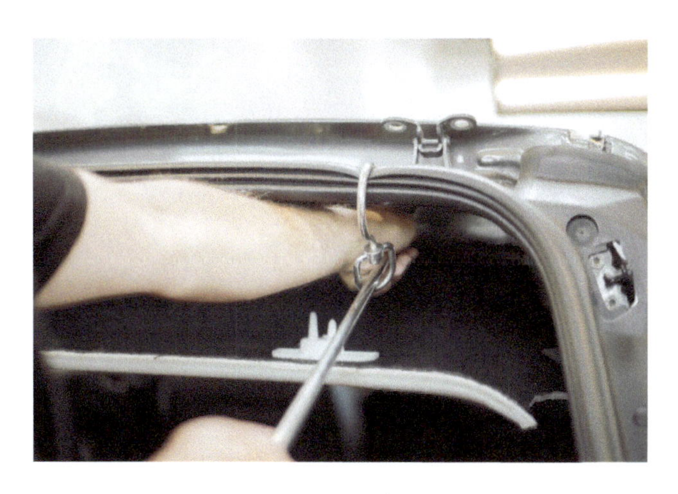

图 12-14　撑顶修复凹陷

6. 免喷漆车身小包修复工艺

与原始基准面相比，凸起较小，无尖点，头部较圆滑的包叫小包。针对此类不伤及车漆的小包，可以采用橡胶冲子顶在车身表面小包的顶部，用打板敲击橡胶冲子顶端（图 12-15），在敲击过程中，敲击力度要由轻变重，最后使小包逐渐消失。免喷漆车身小包修复工艺不仅修复快捷，而且成本比较低，成为车身修复的主要技术之一。

图 12-15　用橡胶冲子修复车身小包

习　题

一、填空题

1. 车身覆盖件根据在车身上的位置可分为__________、__________和__________。

2. 车身覆盖件一般由__________组成，外侧的钢板称为__________，内侧的钢板称为__________。

二、问答题

1. 如何用撑顶法修复车身覆盖件？

2. 如何用惯性锤法修复车身覆盖件？

3. 如何用热矫正法修复车身覆盖件？

4. 免喷漆车身凹陷修复方法是怎样的？

项目十三 车门槛的修复工艺

一、理论知识

1. 车门槛的结构特点

根据车型的不同，门槛的结构采用两片、三片甚至四片的结构设计。

车门槛的结构如图 13-1 所示。

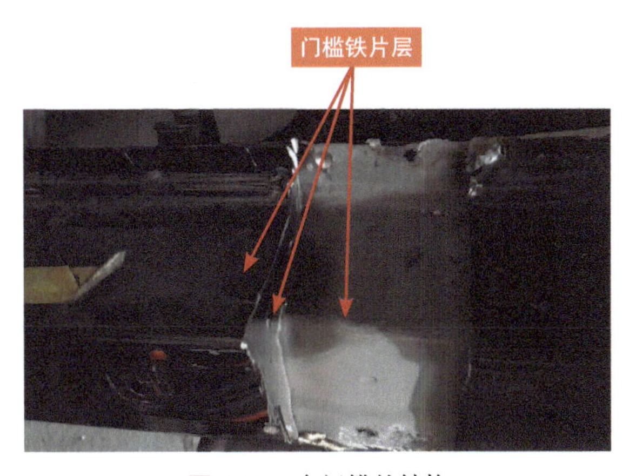

图 13-1 车门槛的结构

2. 车门槛的焊接方法

车门槛的焊接应采用带嵌入板对接或搭接。对带门中立柱的门槛替换，必须同时切割门中立柱。

（1）带嵌入板对接

先直切门槛的横截面。根据门槛的具体结构，沿长度方向把嵌入板切成 2~4 段，去除翻边，将它塞入门槛的内腔，待嵌入板定位后，钻塞焊孔，将嵌入板与门槛进行塞焊。

（2）门槛的搭接（图 13-2）

门槛的搭接常用于门槛内板未受损，仅需替换外板的场合。先在门立柱周围进行切割，并留出重叠区，重叠宽度约为 25mm。沿翻边焊缝处切割或分离焊点，将门槛外板与门槛分离。定位替换外板，对翻边部位及搭接重叠部位采用塞焊；搭接边缘采用断续焊，每 40mm 的间距焊缝长为 14mm 左右。

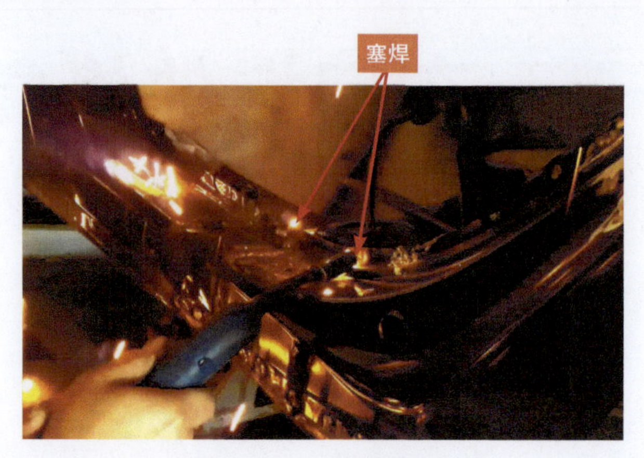

图 13-2　门槛的搭接

二、技能演示

1. 拉拔修复车门槛

1）首先将砂轮机倾斜一定角度，轻轻放于车门槛凹陷部位，然后将凹陷部位的旧漆层磨除，如图 13-3 所示。

图 13-3　打磨车门槛凹陷部位

2）如图 13-4 所示，利用车身外形修复机将波纹线与车门槛凹陷接触，然后呈 90° 进行焊接，焊接的波纹线应按照与预拉拔的角度进行焊接。

扫一扫　看视频

图 13-4　焊接波纹线

3）如图 13-5 所示，安装拉拔器的拉钩，然后将拉拔器的拉钩勾住波纹线，然后根据损伤程度来控制力量的大小进行拉拔。拉拔时力量太小，起不到应有的效果，力量较大往往会造成凸起点较高，对后期的修平带来一定的难度。

图 13-5 拉拔车门槛

4）如图 13-6 所示，使用手钳将波纹线从车门槛上取下，不要采取两边晃动的方法，否则将会导致车门槛变形。

图 13-6 拆卸波纹线

5）如图 13-7 所示，使用砂轮机磨除焊接后留下的痕迹，然后检查车门槛是否平整。如果拉拔使车门槛凸起，则应用锤子对车门槛凸起的部位敲击平整。

图 13-7 去除焊接后留下的痕迹

2. 挖补修复车门槛

1）首先确定门槛的损坏部位及程度，然后使用砂轮机切割掉车门槛损坏或变形的部位，最后用砂轮机将切口打磨平整，如图 13-8 所示。

图 13-8　打磨平整切口

2）如图 13-9 所示，用直角尺测量车门槛切口的大小，从而确定镶补件的大小。

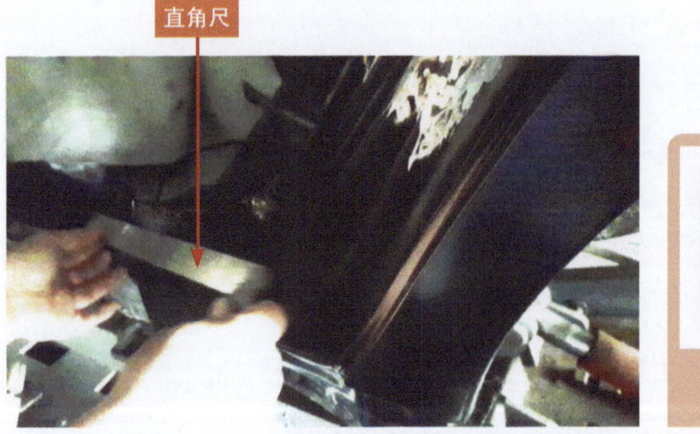

图 13-9　测量车门槛切口的大小

3）如图 13-10 所示，使用直角尺测量下料件的长度。

图 13-10　测量下料件的长度

4）如图 13-11 所示，用砂轮机在下料件的测量位置小心地切割 2 个划线标记。

图 13-11　切割位置确定

5）如图 13-12 所示，用砂轮机沿着切割划线将下料件切下。

图 13-12　切割下料件

6）将下料件加工成切口大小的镶补件，使之与切口表面形状完全吻合，如图 13-13 所示。

图 13-13　制作镶补件

7）如图 13-14 所示，将镶补件贴靠在切割部位，确保镶补件与切口之间的间隙不大于 1mm，避免焊接时焊缝过大。

图 13-14　镶补件对位

8）先在对接好的缝口，按 30mm 左右间距进行定位焊接镶补件，如图 13-15 所示。

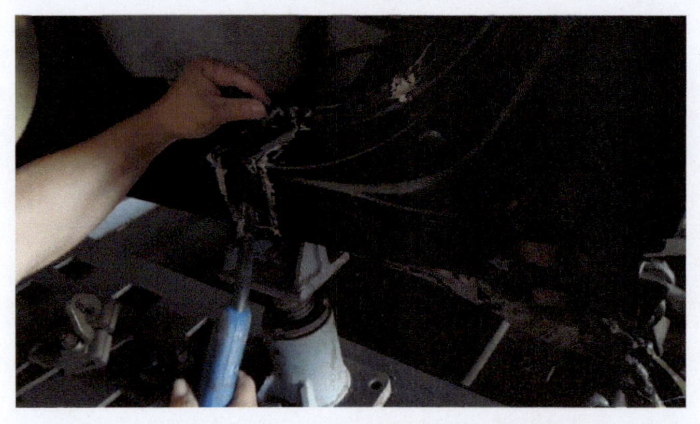

图 13-15　定位焊接镶补件

9）如图 13-16 所示，用锤子敲击整平镶补件，使其与车门槛平整。

图 13-16　敲击整平

10）如图 13-17 所示，按顺次施焊，施焊时焊接方向由内向外、从右向左，分段进行焊接。焊接优先采用 CO_2 气体保护焊。

图 13-17　焊接镶补件

11）如图 13-18 所示，用钣金锤敲击整平焊缝，以消除焊缝及四周的焊接应力，最后用磨光机按照规定的操作程序修磨平镶补件。

图 13-18　镶补件焊缝

习　题

1. 车门槛的结构是怎样的？

2. 如何用拉拔法修复车门槛？

3. 如何用挖补法修复车门槛？

项目十四 汽车保险杠的修复工艺

一、理论知识

1. 塑料的主要特性

塑料具有许多优良的物理、化学和力学性能，主要有：

1）质量轻。

2）化学稳定性好。

3）强度较高。

4）良好的电绝缘性能。

5）优良的耐磨、减摩性。

6）良好的吸振性和消声性。

2. 汽车用塑料的种类与鉴别方式

（1）汽车用塑料的种类

塑料的种类很多，按其热性能不同，可分为热固性塑料和热塑性塑料两大类。

1）热固性塑料是指经一次固化后，不再受热软化，只能塑制一次的塑料。这类塑料耐热性能好，受压不易变形，但力学性能较差。常用的有环氧塑料、酚醛塑料、氨基塑料、有机硅塑料等。

2）热塑性塑料是指受热时软化，冷却后变硬，再加热又软化，冷却又变硬，可反复多次加热塑制的塑料。这类塑料加工成形方便、力学性能较好，但耐热性相对较差、容易变形。热塑性塑料数量很大，约占全部塑料的 80%，常用的有聚乙烯、聚氯乙烯、聚四氟乙烯、聚苯乙烯、聚丙烯、聚甲醛、聚苯醚、聚酰胺等。

（2）汽车用塑料的鉴别方式

在对汽车塑料件进行维修前，必须明确需要维修的塑料件的类型，进而确定维修方法。识别未知塑料件类型的方法主要有 4 种。

1）编号识别法　塑料件可以通过压印在零部件上的国际标准符号或 ISO 码进行识别（许多制造商使用这些符号，符号或缩略语印制在零部件背面的一个椭圆标记内），必须拆下零件才能读取这些符号。如果无法用符号确定塑料件，可以通过车身维修手册查找车辆所用的塑料件的信息（一般车身维修手册均会列出专用的塑料种类）。

2）粘接测试法　进行焊条粘附测试或用试凑法在零部件的隐蔽部位或损坏部位进行焊接测试，如图 14-1 所示。试用不同的焊条，直到发现一种焊条能够粘接在塑料件上，也就确定了塑料的基本材料。

图 14-1 粘接测试法

3）燃烧测试法 通过燃烧塑料件时产生的火焰和烟来确定塑料的种类。但是现在许多塑料件使用含有多种成分的复合塑料，在这种情况下，燃烧测试则不能确定塑料的种类。此外，燃烧塑料会对环境造成污染，因此一般不建议使用此方法。

4）挠性测试法 用手弯曲塑料件，与塑料件样本的挠性进行比较，然后确定最符合基本材料特性的塑料种类。一般热固性塑料在弯折后不能完全恢复形状，而热塑性塑料弹性较容易恢复形状。

3. 车用塑料件

由于车用塑料件以质量轻、坚固和易着色等特点，在汽车材料中应用范围逐渐扩大，除了采用塑料钣金件外，常用于制作各种结构零件、耐磨减摩零件、隔热防振零件等塑料零件。

二、技能演示

1. 准备工作

1）用砂轮机将塑料保险杠裂缝的漆层打磨干净，如图 14-2 所示。

图 14-2 打磨干净漆层

2）用塑料焊枪沿着塑料保险杠的裂缝位置修整成 V 形坡口，如图 14-3 所示。

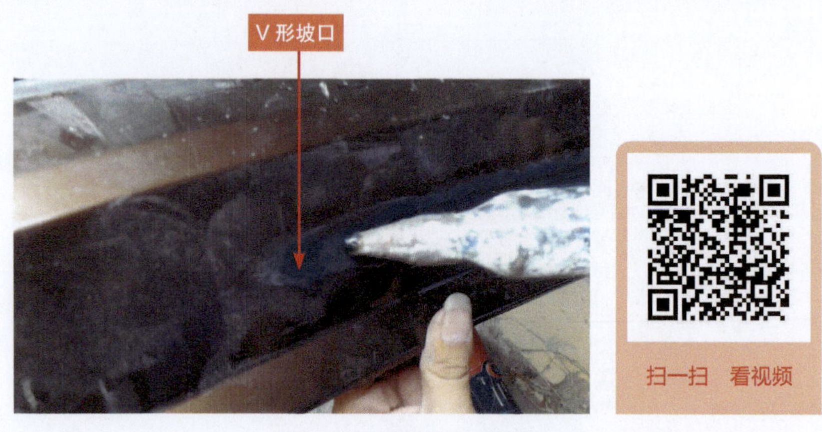

图 14-3 修整成 V 形坡口

2. 保险杠修复工艺

1）首先用塑料焊枪加热塑料焊条，如图 14-4 所示。

图 14-4 加热塑料焊条

2）如图 14-5 所示，将塑料焊条垂直于塑料钣金件，焊条置于焊缝起点，同时将焊条压进焊缝中，通过加热量来焊接保险杠。

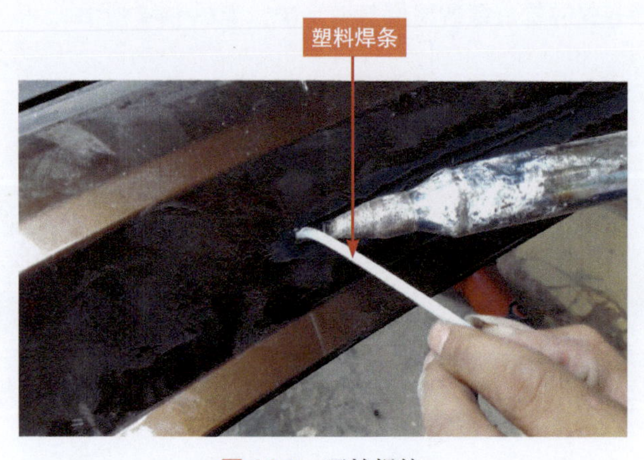

图 14-5 开始焊接

3）如图 14-6 所示，用同样的方法进行焊接，直到焊接结束。

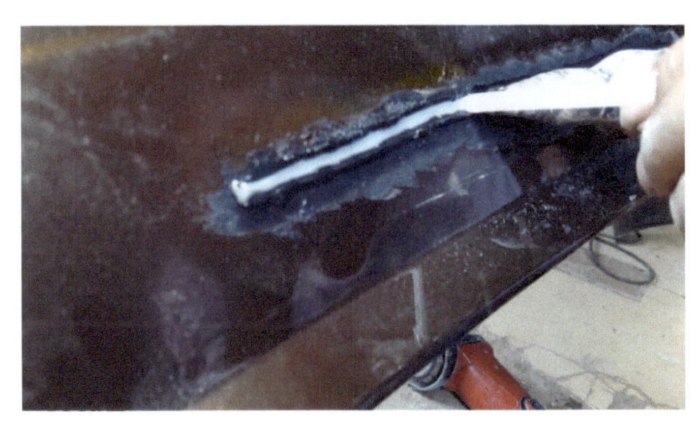

图 14-6　继续焊接

4）当焊接结束后，用塑料焊枪将起点和终点的焊接修整平整，如图 14-7 所示。

图 14-7　用塑料焊枪将起点修整平整

5）焊接后冷却固化 30min 左右，然后用砂轮机将焊接部位打磨平整，如图 14-8 所示。

图 14-8　将焊接部位打磨平整

6）如图 14-9 所示，用打磨机再次将焊接部位打磨光滑。

图 14-9　再次用打磨机打磨光滑

7）如图 14-10 所示，用砂纸将焊接部位磨出羽状边为刮原子灰做准备。

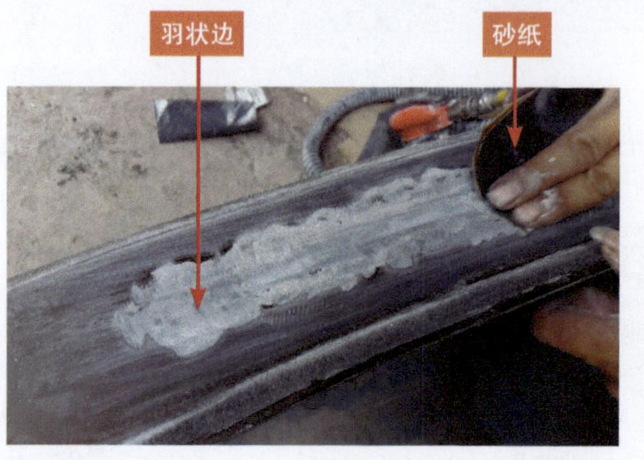

图 14-10　磨出羽状边

习　题

1. 塑料的主要特性是什么？

2. 汽车用塑料的种类有哪些？

3. 汽车用塑料的鉴别方式有哪些？

4. 车用塑料件的特点是什么？

5. 如何修复保险杠？

项目十五　刮原子灰工艺

一、理论知识

1. 原子灰的类型及特点

原子灰，俗称腻子，主要用于对钣金件的凹坑进行填补。它的特点是硬化时间短，常温下30min即可干燥硬化，可以进行打磨；经打磨后的原子灰表面细腻光洁，表面坚硬，对其上面的涂料吸收很少甚至不吸收；附着能力强，耐高温，正常使用时不出现开裂和脱落。固化剂主要是调节原子灰的硬化时间。原子灰和固化剂如图 15-1 所示。原子灰的类型主要有以下 4 种：

（1）普通原子灰

普通原子灰多为聚酯树脂型，膏体细腻，操作方便，填充能力强，适合大多数的金属钣金件，也可以用于车用塑料件，但刮涂不宜过厚。普通原子灰使用有一定的局限性，如镀锌板、不锈钢板和铝板等表面附着能力比较低，容易造成开裂，使用前要喷涂一层隔绝底漆后才能使用。

（2）纤维原子灰

纤维原子灰含有纤维物质，干燥后质轻但附着力和硬度很高，可以直接填充直径小于 50mm 的孔洞，填补比较深的金属钣金件凹陷部位也非常有效，但表面会呈现多孔状，需要用普通原子灰做填平工作。

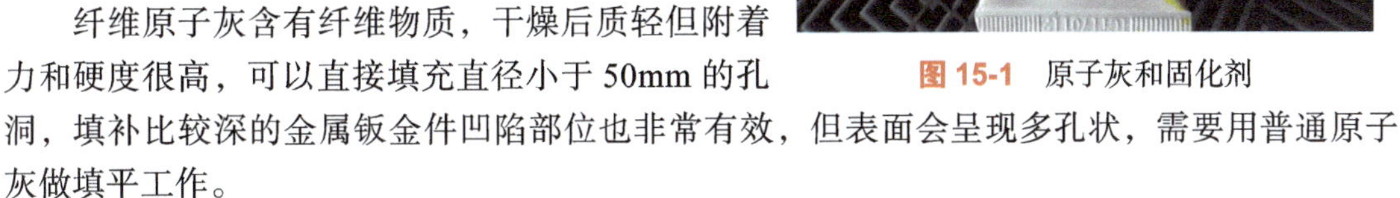

图 15-1　原子灰和固化剂

（3）合金原子灰

合金原子灰也称金属原子灰，它比普通原子灰性能优越，使用方便，因此被广泛使用。

（4）塑料原子灰

塑料原子灰专用于塑料钣金件的填补工作，调和后呈膏状，刮涂后与底材附着良好。

2. 原子灰的刮涂方法

刮涂原子灰时，要用两把铲刀，一把用来放混合好的原子灰，另一把用来刮涂，刮涂时将原子灰刮在损伤区域，如图 15-2 所示。对于需要较厚的填补区域，可以分几次进行填补。操作过程中不能来回刮涂，以免原子灰中孔隙被粘死，造成长期不干。可用普通原子灰加固化剂调和制成粗灰，刮涂时可以较厚，不会出现不干现象。刮涂时，应使铲刀与刮涂表面成 60° 角，并略呈弧形刮涂。当刮涂的原子灰干燥后，就需要对原子灰进行打磨，确保刮涂后的原子灰平整光滑。

扫一扫 看视频

图 15-2 原子灰的刮涂方法

二、技能演示

1. 旧漆膜的清除

1）如图 15-3 所示，首先使用胶带将车身的镀铬件及车门拉手遮蔽起来，避免打磨时粉尘将它们弄脏导致清理困难。

扫一扫 看视频

图 15-3 遮蔽车门拉手

2）如图 15-4 所示，使用气动打磨机将旧漆面或锈蚀打磨干净。注意：在打磨受损部位与周边漆面连接部位时，受损部位应打磨出一个羽状边的缓冲坡面，便于其后新喷的漆面与原车漆面更好地连接在一起。

图 15-4 打磨旧漆面

3）如图 15-5 所示，用压缩空气将打磨部位表面的粉尘吹干净。

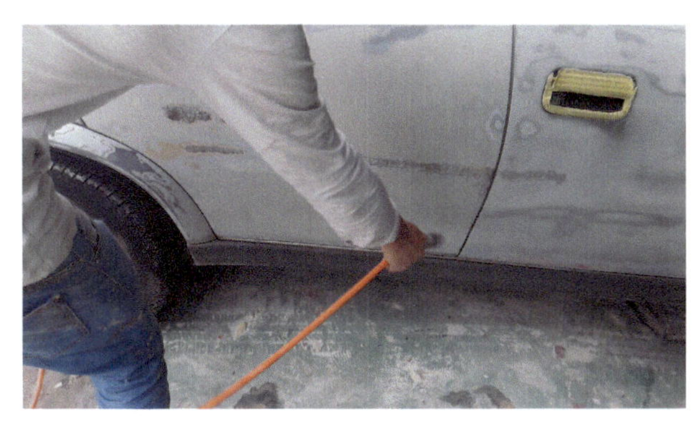

图 15-5 吹干净打磨部位表面粉尘

2. 原子灰的调制

1）原子灰装在罐中的时候，其各种成分如溶剂、树脂及颜料、固化剂会分离。由于原子灰不可以在这种分离的形态下使用，故原子灰在取出罐子以后，必须与固化剂彻底搅拌后方可使用。调制原子灰时，首先将适量的原子灰放在混合板上，如图 15-6 所示。

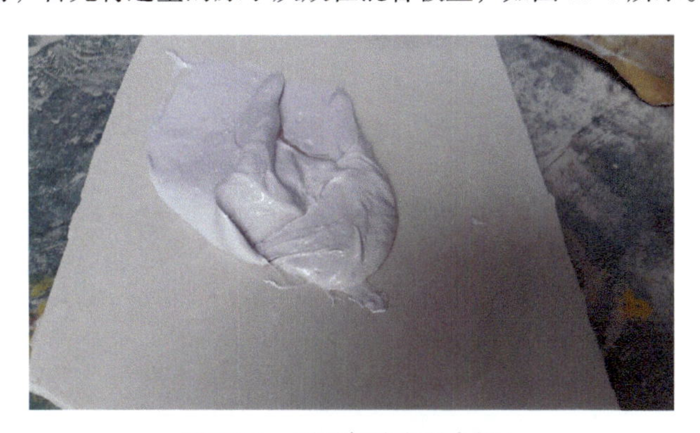

图 15-6 原子灰放在混合板上

2）按规定的原子灰：固化剂 = 100 ：2（质量比）添加一定量的固化剂，如图 15-7 所示。气温愈低，固化剂用量愈多，但一般不应大于 100 ：3，

图 15-7　加入固化剂

3）如图 15-8 所示，用刮刀围绕着固化剂盛起大约 1/2 原子灰。

图 15-8　盛起大约 1/2 原子灰

4）围绕着固化剂将盛有原子灰的刮刀翻转，然后将刮刀基本上与混合板持平，并将它向下压搅拌。一定要将刮刀在混合板上刮削，不要让原子灰留在刮刀上。如图 15-9 所示，拿住刮刀并且将在混合板上混合的原子灰全部舀起，然后将原子灰翻身。

图 15-9　刮刀舀起全部原子灰

5）如图 15-10 所示，原子灰翻身时将原子灰向上朝混合板的顶部移动，在原子灰延展至混合板的边缘时，盛起全部原子灰，并且将它向混合板的底部翻转。

图 15-10　原子灰延展至混合板的边缘

6）重复操作搅拌直到原子灰充分混合均匀为止，如图 15-11 所示。

图 15-11　继续搅拌原子灰

3. 原子灰的刮涂

1）刮涂原子灰时，一把刮刀用来盛放混合好的原子灰，另一把刮刀用来刮涂，刮涂时将原子灰刮在损伤区域。刮涂时，应使刮刀与车身（或钣金件）表面成 60° 角，并略呈弧形刮涂，如图 15-12 所示。

图 15-12　刮涂原子灰操作

2）对于较厚的填补区域可以分几次进行填补，如图 15-13 所示。操作过程中不能来回刮涂，以免原子灰中孔隙被粘死，造成长期不干。

图 15-13 分几次进行填补

4. 原子灰的干燥

为了缩短原子灰的干燥时间，可以借用干燥器或红外线烤灯加热原子灰进行干燥。目前修理厂一般采用晾置法让其自然干燥，如图 15-14 所示。

图 15-14 晾置原子灰

5. 原子灰的打磨

用手指甲检查原子灰软硬程度，当原子灰干透后，再进行打磨。打磨的方法包括手工打磨和机械打磨，具体操作如下：

（1）手工打磨

手工打磨适用于小面积原子灰的粗磨、大面积细磨，以及有些精细工作如对型线、曲面、转角、圆弧、弯曲部位的修整。手工打磨就是在磨块（木块或橡胶块）上包有 2~3 号铁砂布进行干磨，或用 100 号水砂纸沾水湿磨，如图 15-15 所示。手工打磨的步骤如下：

1）选用与磨块大小相配的砂纸或者把砂纸裁剪好，使之与磨块尺寸相配。

2）将砂纸固定在磨块上，把磨块平放在打磨面上，沿磨块的长度方向均匀施加中等程度的压力，不得急于求成、用力过猛，否则原子灰可能被磨穿或磨出凹坑。

3）打磨时，磨块应做前后往复的运动打磨，打磨行程为较长的直线。不要使磨块圆周运动，应始终沿车身外形线方向打磨。

4）打磨过程中，应充分注意露出的最高点，并以此最高点为准，然后多次用手触摸原子灰表面来感觉它是否平整，如果依旧不平整则应加以修整。

5）对于波浪形平面，可选用长一些的木块作为衬块，打磨动作幅度可长些。

6）对于局部补刮的原子灰，打磨时要注意原子灰层边缘的平整性，即原子灰口要磨平，以防产生原子灰层痕迹，并为第二道原子灰的刮、磨带来方便。

7）干磨时，砂纸会被填料的粉末粘住。经常抖动、拍拍砂纸可以去掉一些粉末，也可使用涂有滑石粉的砂纸，这样可减少粉末堵塞砂纸。湿磨时减少砂纸的堵塞方法基本与干磨相同，但还要用水湿润。

图 15-15　沾水湿磨

（2）机械打磨

机械打磨常用的打磨机有圆盘式打磨机和双作用打磨机，还有轨迹式打磨机和往复式打磨机。机械打磨的操作方法如下：

1）将砂纸粘贴在打磨机衬盘上。如果用的是自粘贴砂纸片，只要将二者中心对正压紧即可（图 15-16），但在压紧前一定要把中心对准。

图 15-16　砂纸粘贴在打磨机衬盘上

2）用双手把持打磨机手柄，先用粗砂纸打磨。当原子灰表面的刮痕基本消除后，应及时更换细砂纸磨至腻子表面与周围高度相近，以留出足够的手工细磨余量。机械打磨时，如果出现了结球现象应及时更换砂纸，否则会堆积在一起划伤表面，并降低磨具的打磨效果。

3）打磨操作完成后，立即把砂纸从衬盘上取下来，否则黏结剂凝固后砂纸与衬盘就会粘得很牢固。一旦粘牢，就要用抹布蘸溶剂将黏结剂溶解，才能取下砂纸。

习　题

一、填空题

1. 原子灰，俗称____________，它主要是对钣金件的凹坑____________。

2. 原子灰的类型主要有____________、____________、____________、____________等。

3. 合金原子灰也称____________，它比普通原子灰性能优越，使用方便，因此被广泛使用。

4. 塑料原子灰专用于____________的填补工作，调和后呈膏状，刮涂后与底材附着良好。

5. 打磨原子灰的方法包括 ____________、____________。

二、问答题

1. 如何清除旧漆膜？

2 如何调制原子灰？

3. 如何刮涂原子灰？

4.. 如何干燥原子灰？

5. 如何用手工打磨原子灰？

6. 如何用机械打磨原子灰？

项目十六 中涂底漆喷涂工艺

一、理论知识

1. 中涂底漆的作用与特点

（1）中涂底漆的作用

1）增强涂层间的附着力。

2）填补微小划痕、凹凸不平，平整表面。

3）隔离封闭作用，防止面漆涂料溶剂浸透产生渗色。

4）保证面漆涂层具有一定的弹性、韧性，以提高面漆的光泽程度。

（2）中涂底漆的特点

1）中涂底漆能与原子灰层、旧涂层、面漆层有良好的配套性，能够同时为底漆层和面漆层提供良好的附着力。

2）中涂底漆有良好的填充性能，经打磨后能消除原子灰上的轻微划痕、砂痕、砂孔等。

3）中涂底漆有良好的隔离性能，防止底漆层、原子灰层、旧涂层中的不良物质向面漆层渗出而污染漆膜表面，破坏面漆层的装饰性，同时能阻止面漆层的溶剂渗透到底漆层、原子灰层、旧涂层中。

4）中涂底漆具有良好的防渗透性，可以提高面漆的光泽度，因此可以极大地提高面漆的装饰性。

5）中涂底漆干燥后硬度适中，有良好的打磨性和耐水性，湿磨后表面平整光滑，无起皱、脱皮等，局部漆层边缘平滑性好，无接口痕迹。

2. 中涂底漆的喷涂方法

原子灰打磨后，先清洁除油，然后开始喷涂中涂底漆。中涂底漆一般要喷涂 2 道，每道间隔时间 5~10min（常温）。全部喷涂完毕后，静置 5~10min，然后按要求加温到适当温度并保持足够的时间，待完全干燥凝固后对中涂底漆进行打磨至与原漆高度相同，中涂底漆打磨方法和注意事项如下：

（1）打磨中涂底漆操作操作方法

中涂底漆的打磨一般使用 P400~P600 号干磨砂纸配合打磨机进行打磨，或使用 P800 号水磨砂纸水磨。

（2）中涂底漆在打磨注意事项

如果在打磨过程中将中涂漆磨穿，露出底漆或原子灰必须补喷中涂漆，并重新进行打磨。

如果有些部位在打磨过程中出现凹陷、气孔等情况必须重新施涂原子灰，将补涂的原子灰打磨后再喷涂中涂漆，然后进行打磨。

二、技能演示

1. 中涂底漆的喷涂

（1）清洁与遮盖

先用压缩空气清除表面粉尘。若进行过湿打磨，应做去湿处理，使被喷涂表面干燥。粉尘清除干净后，再用脱脂剂作脱脂处理。如图 16-1 所示，最后用遮蔽纸遮盖原子灰填补区的四周方可喷涂中涂底漆。

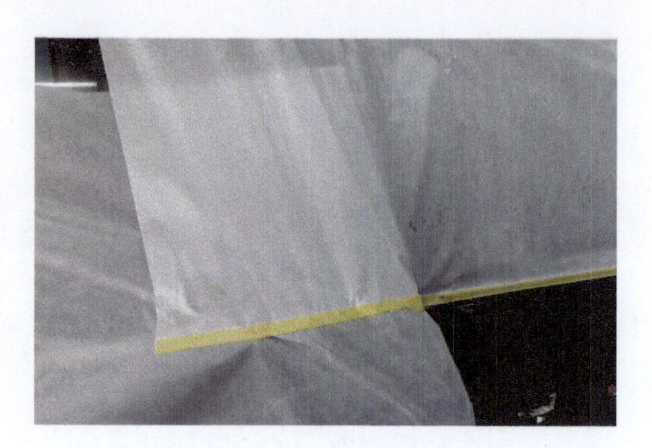

图 16-1　车身遮蔽

（2）准备中涂底漆

如图 16-2 所示，调制中涂底漆，但调制好的中涂底漆应在时效期内尽快使用。调制中涂底漆时，需要按照油漆生产厂商提供的说明，按照正确的比例加入配套的固化剂，再根据环境温度的不同加入稀释剂，以达到要求的油漆调制黏度。具体调制中涂底漆方法如下：

1）核对油漆的类型、名称、型号及品种，应与所选的油漆完全相符。开盖前需摇晃，使油漆均匀。

2）开盖后检查油漆是否变质，若变质，应进行更换处理。

3）按油漆生产厂商要求的比例，根据油漆使用量先添加油漆，然后是固化剂，最后添加稀释剂。

4）用比例尺搅拌均匀，调整好黏度，一般黏度调整到 16~20Pa・s。通常的做法是将油漆和固化剂调配好之后，再加入稀释剂调整黏度。

5）选取 180 号的过滤网过滤中涂底漆，然后将其倒入喷枪准备喷中涂底漆。

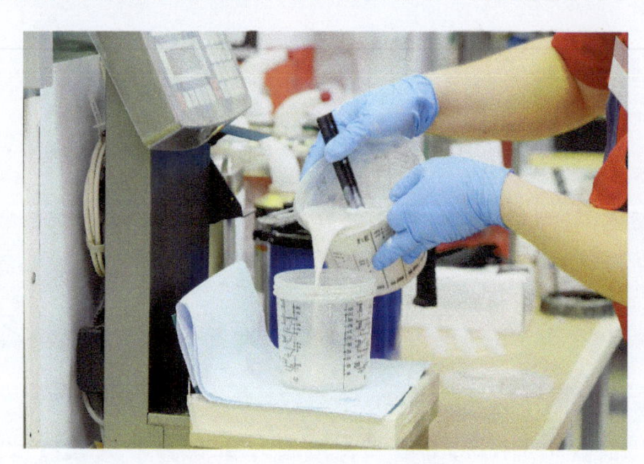

图 16-2　调制中涂底漆

（3）中涂底漆的喷涂顺序

1）先对修补边缘交界处薄薄地喷涂，主要是使旧涂膜与原子灰的交界面溶合。

2）待其稍干之后，接着给整个原子灰表面薄薄喷一层，喷涂后形成的表面应平整光滑，取适当的时间间隔，分几次薄薄地喷涂。一般要喷 3~4 次。每道间隔时间 5~10min（常温）。中涂底漆的喷涂结束后将遮蔽纸拆开，中涂底漆表面应基本平整且光滑，如图 16-3 所示。

图 16-3 中涂底漆喷涂后的效果

2. 中涂底漆的修整

1）仔细检查中涂底漆表面有无砂纸打磨痕迹、气孔及其他缺陷。若有缺陷，可用硝基类速干原子灰（也称填眼灰）修补，用刮刀或塑料刮刀薄薄地刮涂（图 16-4），不要一次填得过厚，最多只能 0.2mm，若一次填不满，间隔 5min 再填。

图 16-4 用刮刀薄薄地刮涂速干原子灰

2）先把砂纸浸入水中，并把打磨表面弄湿。打磨过程中及时给打磨表面加水，防止打磨表面变干。如图 16-5 所示。打磨时使用 P600 水砂纸进行手工打磨，并尽可能以旋转方式来减小砂纸痕。先以修补部位为中心，用 P400~P800 砂纸将凸出部位磨平，然后用 P800 或 P1200 将整个表面打磨平整。

图 16-5 水砂纸进行手工打磨

3）如图 16-6 所示，右手使用方形磨块配合 P400 水砂纸，对中涂漆区域进行水磨操作，左手拿一根细的自来水软管加水，双手配合防止打磨表面变干。打磨时要一边水磨，一边检查，确保表面变得光滑。

图 16-6 水砂纸打磨中涂漆区

4）拿开方形磨块，然后细砂纸将整个中涂漆区域表面再打磨一遍（图 16-7），直到将砂纸痕消除为止。

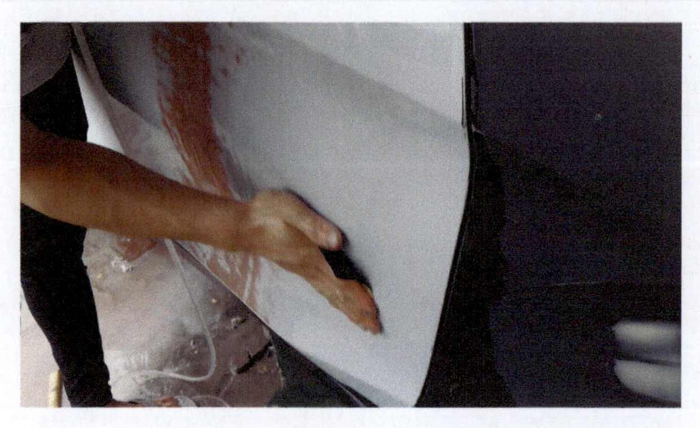

图 16-7 再次打磨中涂漆区域表面

5）使用自来水将中涂漆区域表面完全清洗干净，然后用棉毛巾擦干车身表面的水分（图 16-8），以便下一步喷色漆作业。

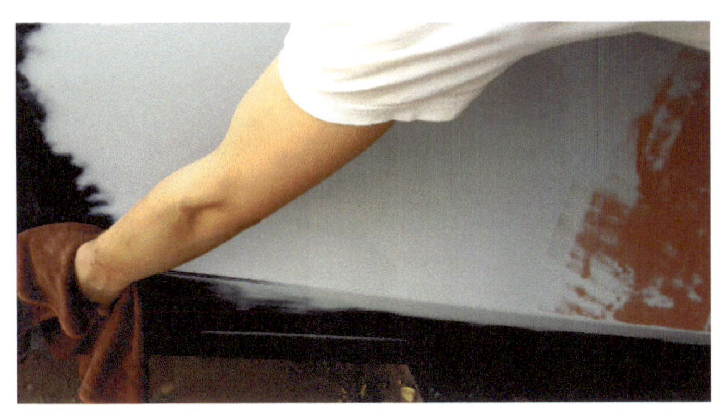

图 16-8 用棉毛巾擦干车身表面

习 题

问答题

1. 中涂底漆有什么作用?

2. 中涂底漆的喷涂方法是什么?

3. 中涂底漆打磨方法是什么?

4. 中涂底漆打磨注意事项有哪些?

5. 如何调制中涂底漆?

6. 如何修整中涂底漆?

项目十七　调色漆工艺

一、理论知识

1. 汽车漆的知识

（1）汽车漆的性能要求

汽车漆不但要有优良的装饰性、色彩鲜艳、光亮丰满，而且还需有良好的保护性、耐水、耐油、耐磨、耐化学腐蚀性。在选择汽车用色漆时应从外观、硬度和抗石击性、耐老化性能、耐湿热、防腐蚀性等方面考虑。

（2）汽车漆的种类

1）汽车色漆　汽车色漆是汽车整个涂层中的最后一层涂料，它在整个涂层中发挥着主要的装饰和保护作用，决定了涂层的耐久性能和外观等。汽车面漆主要通过各种汽车色漆混合调制而成，它可以使汽车五颜六色，焕然一新。汽车色漆如图 17-1 所示。

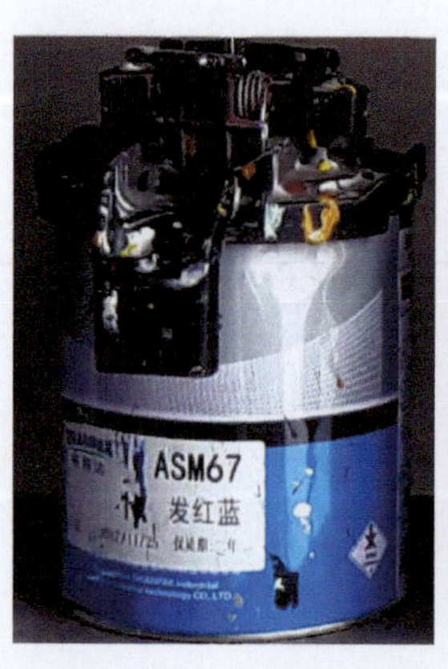

图 17-1　汽车色漆

2）汽车清漆　汽车清漆就是喷在汽车面漆表面的一层透明保护油漆，也叫光油。光油除了使油漆面闪闪发亮外，对色漆都有相当好的保护作用。如金冠鼎汽车漆 G3-400 清漆（图 17-2）需要配合金冠鼎汽车漆 G3-402 标准干剂和稀释剂一起使用。

图 17-2　汽车清漆

2. 调色的知识

（1）颜色三属性

尽管颜色有很多种，但纵观所有颜色，都具有三个共同点，即一定的色彩项目、明亮程度和浓淡程度。将颜色的这三个共同点称为颜色的三属性，分别称为色调、明度和饱和度。在调配颜色时，通过改变这三个属性，可以调配出各种颜色。

1）色调　也叫色相或色别，是色彩最显著的特征，是不同色彩之间彼此相互区分最明显的特征。色调反映的是一定波长的单色光的颜色相貌，能够比较确切地表示某种颜色色别。

色调由刺激人眼的光谱成分决定，随波长的变化而变化，不同波长的光给人的视觉感受是不一样的。每一种色彩感受都赋予一个名称，如红、橙、黄、绿、青、蓝、紫，其中每一个名称都代表一类具体的色调，如图 17-3 所示。紫红、红、红黄等都是红色类中各个不同的色调，这三种颜色之间的差别就属于色调的差别。例如红色颜料的色感是 700nm 的波长反射的结果，如果在这个红色颜料中加入不同量的白、灰和黑，可得出灰艳、亮暗不同的色彩，但这些色彩仍然属于一个色调（红色调）。

图 17-3　12 种色调

2）明度　也叫亮度、明暗度或光度。在无彩色中，明度最高的为白色，明度最低的为黑色，如图 17-4 所示。在有彩色中，任何一种纯度色都有自己的明度特征，一个彩色物体表面的光反射率越大，看上去就越亮，这个颜色的明度就越高。明度是表示一个物体反射光线多少的颜色属性，是人们看到的颜色引起的视觉上明暗程度的感觉。

同一个色调可以有不同的明度，如红色就有紫红、深红、浅红和粉红等之分，它们看上去有深淡的区别。不同色调也可以有不同的明度。如在太阳光光谱中，紫色明度最低，红色和绿色明度中等，黄色明度最高，所以人们感到黄色最亮。

明度一般用黑白度来表示，越接近白色，明度越高；越接近黑色，明度越低。因此，无论哪个色，加上白色都会提高混合色的明度，且加入白色越多，明度越高；反之，加入黑色则会降低明度，加入黑色越多，明度越低。如果加入灰色，就要看灰的深浅而定。

图 17-4　明度

3）饱和度　也叫纯度或彩度，是指颜色的鲜浊程度（色彩鲜艳与浑浊程度）。它也是指某种颜色含该色量的饱和程度，是指颜色的色觉强弱而言的。

当某一颜色浓淡达到饱和时，若无白色、灰色或黑色渗入其中，即呈纯色（亦称正色）；若有黑、灰渗入，即为过饱和色；若有白色渗入，即为未饱和。

高饱和度的色调加入白色会变浅，提高它的明度，降低它的饱和度。加入黑时变深，降低它的明度，同时也降低它的饱和度。每一个色调都有不同的饱和度变化，标准的颜色饱和度最高（其中，红色最高），黑色、白色、灰色的饱和度最低，如图 17-5 所示。

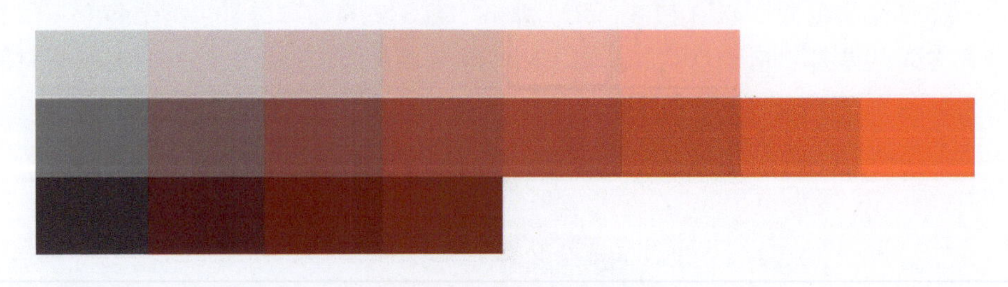

图 17-5　饱和度

（2）颜色三属性之间的相互关系

颜色三属性是相互独立的，但不能单独存在。它们之间的变化是相互联系、相互影响的。其中，色调和饱和度对色感的描述有重要意义。

某种颜色加入白色可提高其明度，加黑会降低其明度。另外，在颜色的明度改变的同时，颜色的彩度也会变化，白量和黑量越多，彩度就越低。

颜色的色调、明度和饱和度只有在亮度适中的时候才能充分体现出来。在中等亮度下，一般人眼能够分辨的色彩总数在 10000 种左右。在亮度极低的场合，色彩变成了暗色，这时就很难区别色彩的色调和彩度。如果在极亮的光照下，人眼接受刺激的程度已达到了极限，使人产生了耀眼的感觉，这时将无法分辨色彩的一切属性。

（3）视觉的三大要素

光线、物体和观察者，是产生视觉的三大要素，这是分辨颜色必不可少的条件。

1）光线　光线就是指能够在人的视觉系统上能够引起明亮的颜色感觉的电磁辐射，人们只能借助光线看到物体的颜色。光线来源于光源，如太阳、白炽灯、荧光灯等。

光源有自然光源与人造光源之分，太阳是自然光源中最佳的光源，这是因为太阳光中含有不同波长的光，并且光谱能量的分布比较均衡。而白炽灯、荧光灯属于人造光源，白炽灯主要含有红色光线，属于较温暖的光线。而荧光灯主要含有蓝色的光线，属于较冷的光线。

2）物体　物体是观察的对象，我们周围的物体可分为两大类；一类物体本身是发光体，即光源，如太阳；另一类物体在一般状态下不发光，只是在一定程度上吸收和反射来自光源的光线，日常所见的物体大部分属于这一类。物体中通常含有颜料，颜料会有选择地反射一部分光线，吸收其他的光线。被反射的光线就决定了该物体的颜色。

在汽车油漆调配过程中，应能提供尽可能准确的颜色信息，因此物体表面应洁净，避免漆面老化、变色和污染。比色背景应以单色彩调为主，避免太艳、太深，避免反色。

3）观察者　眼睛的视觉特性是产生颜色感觉的生理基础，主要是物体反射光线刺激人的眼睛引起视神经兴奋，并传至中枢神经而产生颜色的感觉，使生理和心理状态出现不同的颜色知觉。

在人眼视网膜上存在三种视神经纤维，即感红、感绿及感蓝的视觉细胞，每种视觉细胞的兴奋都有引起原色的感觉。正常人可以用红、绿、蓝三原色光混合配出光谱上的任何颜色，能够分辨出各种颜色。

（4）三原色及其配合变化知识

1）三原色　如图 17-6 所示，红、黄、蓝三种色光称为三原色，这三种颜色不同比例的搭配才构成自然界的绚烂多彩。

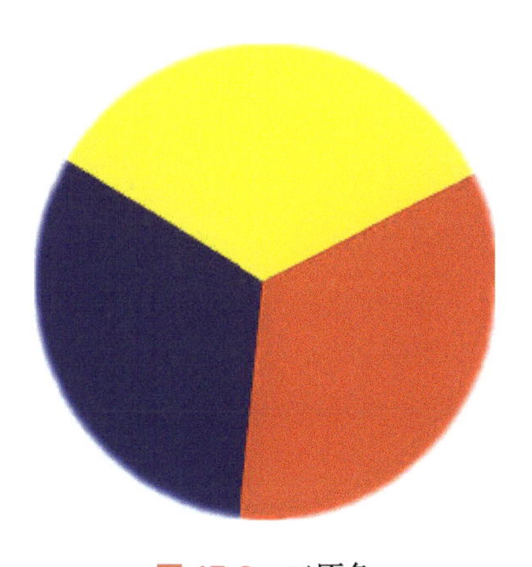

图 17-6　三原色

2）三原色配合变化。

① 间色　由两种原色混合所得的颜色称为间色（二次色），如红色与黄色两种原色“等量”相配而得到橙色；红色和蓝色等量相配得到紫色；蓝色和黄色等量相配得到绿色，如图 17-7 所示。

a. 如果红和橙相配或红与黄相配时，红多黄少得到橙红，红少黄多得到橙黄。

b. 如果蓝与紫或蓝与红相配时，蓝多红少得到青莲色，红多蓝少得到紫红色。

c. 如果蓝与绿或蓝与黄相配时，蓝多黄少得到湖蓝（蓝绿）色，黄多蓝少得到湖绿（黄绿）色。

② 复色　间色与间色或间色与原色混合所得的颜色叫复色（三次色）。如由红、黄、蓝三基色“等量”相配得到黑色，如图 17-7 所示。间色与适量的黑色相拼配可以得到灰色、米色及咖啡色等三次色。但在实际调色中，常采用黑色着色剂。调色时要掌握复色的性质，避免多种颜色的混合，尤其避免补色相加。

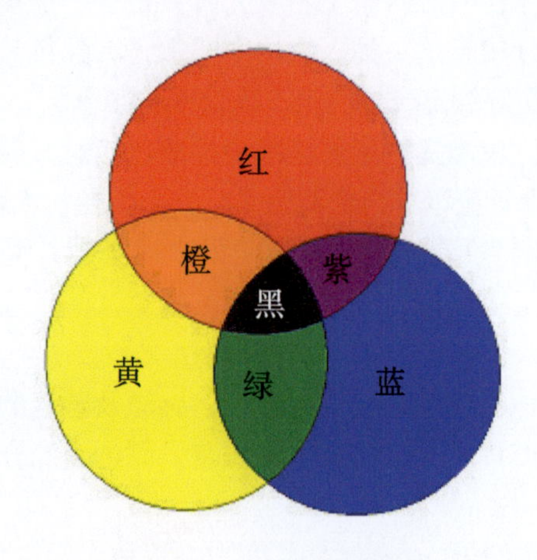

图 17-7　三原色配合变化

③ 补色　补色是一个奇特的色彩，当把它们并置在一起时，它们都以最大程度突出对方的鲜艳，但将它们相互混合，色彩从极度鲜艳变成灰黑色。补色现象是色彩混合的特殊效应，两个原色可以调成一个间色，该间色与另一个原色互为补色。补色相混或三原色相混都将产生中性灰色或黑色。

④ 消色　使原颜色的色调减弱、改变甚至消失称为消色。在色彩调配过程中，合理地使用消色，可以对颜色的色调、明度起到矫正与调节作用。

如在三原色和复色中加入一定量的白色，调配出粉红、浅红、浅蓝、浅天蓝、淡蓝、浅黄、奶黄、牙黄等深浅不一的多种浅淡颜色。如加入黑色，则可调配出棕色、灰色、褐色、黑绿等明度和色调不同的多种颜色。

（5）配色的三个原则

两种色彩只有当其色调、明度及饱和度三者都相同时，这两种颜色才相同，否则，其中一个特性不同。配色的三个原则如下：

1）调整色调　如用红、黄、蓝按一定比例混合可获得不同的中间色，中间色与中间色混合，或中间色与三原色红、黄、蓝其中一种混合又可得到复色，通过颜色的拼色可改变颜色的色调。

2）调整明度　在显色的基础上，加入白色将原来的颜色冲淡，就可以得到饱和度不同的彩色（即深浅不同的颜色）；加入不等量的黑色，就可以得到明度不同的各种颜色。如在大红中加入白色得到浅红、粉红；将铁红加黑得紫棕色；白色加黑色得不同的灰色。

3）调整饱和度　在显色的基础上，加入不等量的原色可以获得不同彩度的色调。如在浅红中加入不等量的红色得到大红、深红，在浅黄中加入不等量的黄色可得到中黄、大黄、深黄。

3. 调色基本步骤和方法

1）看清种类（品牌、色母等），分析色标（标准色卡、标准颜色样板或漆样），确定所需各种色母（由几种色母组成，哪个是主色，哪个是副色，它们之间有哪些关联等）。**注意：1K色母（图17-8）即单组分油漆，2K色母即双组分油漆。**1K色母调配出来的补漆颜色作为汽车漆修补工艺的第一道工序，干燥后必须加喷清漆。2K色母调配而成的修补漆颜色可直接当面漆使用，无须加喷清漆。

图17-8　1K色母

2）选择需要调整的属性，根据各色母色相、明度、饱和度选择色母种类，进行初步选择。

3）有颜色编号的，应查找调色配方（用电脑软件或色卡背面），无调色配方的，应做小样确定配方或验证配方。

4）按调色配方7~8成投主、副色母，按3~5成投辅助色母。

5）在相对比较标准的光源或背景下调色对板，边调边看，每次投料加料一般只投判断量的一半左右，观其变化大小后（可以用标尺或括板或喷板）再斟酌合适的补加量。

6）颜色基本调好（或接近）时，还要注意以下3点：

① 素色漆的调配在湿膜基本定膜的过程中，颜料的上浮和下沉对涂膜的影响较大，所以制版后，必须放置几分钟等板面表干后才能观察涂膜颜色。

② 在使用标准板配色时，由于放置时间较长，颜色显得灰暗，与漆样涂膜对比时，宜将标准板用清水浸泡后再行比。

③ 金属珍珠漆调配用所调的漆样板和色卡、标准板比色时，应左右、上下、平立反复对比（正、侧对比），避免人为的视觉误差。特别是当光线较暗时，辨别应加蓝还是应该加黑时，更应认真仔细地摸索辨别，防止错投而引起损失。

二、技能演示

1. 人工调色漆工艺

1）首先找到与车身颜色一致的色卡，然后用色卡与车身颜色（或车身的部件，如车门把手，如图 17-9 所示）对照以便准确确定色卡。有些色卡背面提供原厂参考调色配方，但有些需要根据色谱与参考调色配方，结合实际需要写出实际调色配方（一定要准确选择色母）。

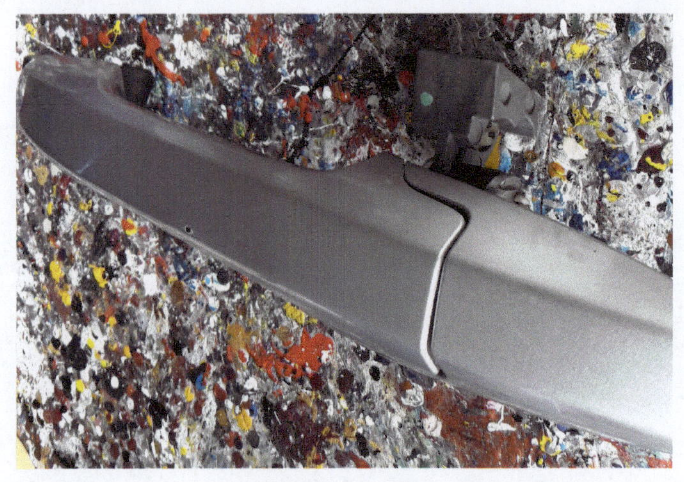

图 17-9　车门把手

2）当确认调色配方后进行调色，所有色母倒入置于电子秤上的洁净容器中，记录色母的重量。但是对于有经验的调漆技术人员，他们添加色母的量根据调配的量就能够掌握，如图 17-10 所示。

图 17-10　取色母

3）如图 17-11 所示，将色母加入然后用比例尺搅拌均匀，由于每个人对需要调整的颜色有不同的认识，因此建议从觉得差异最大的颜色属性开始进行调色。

图 17-11　用比例尺搅拌均匀

4）如图 17-12 所示，用比例尺盛起来一小部分色漆，然后将它与车身的原漆进行对比。当调出色漆颜色与原色吻合度达到 90% 时，将所调的色漆与原车颜色进行对比，确定是否一致。注意：比色时，比例尺上将会有一部分色漆从比例尺上滴下，要用盛装色漆的容器放在比例尺之下，以免色漆滴在工作台上。

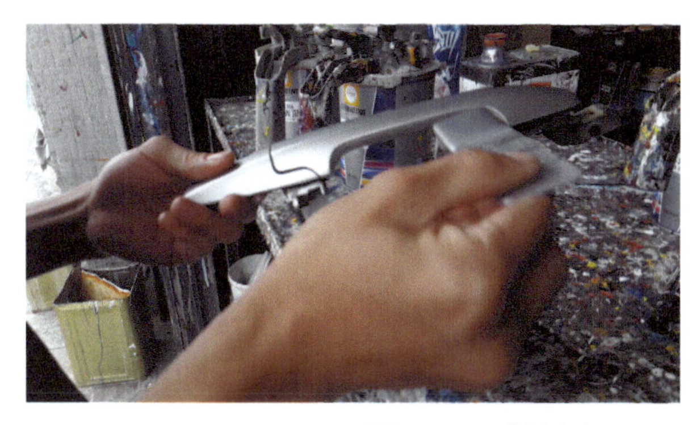

图 17-12　进行比色

5）如果不一致，添加少量的色母继续微调（图 17-13），但应注意以下 3 点：

① 每次微调只能添加少量的色母（不超过原配方中用量的 1%~5%）。

② 每次微调只能使用一种色母。

③ 记录每次添加色母的用量，形成自己掌握运用的配方。

图 17-13　继续微调

6）当调出色漆颜色与原车色板（或原车漆面）吻合度时，则喷小色板与原色板进行比较，主要操作如下：

① 用一块小铁板进行试喷，并达到完全遮盖，要特别注意气压和溶剂用量，有时通过调整气压或溶剂就可以获得非常接近于原色板的颜色。

② 调实色漆时，喷板前调浅一点。调银粉、珍珠漆时则比原色板要稍深一点，这样喷出的效果才能与原色板吻合，这种深浅度要反复实践摸索才能熟练掌握。

③ 如图 17-14 所示，将喷枪倾斜，然后用比例尺取少量所调的色漆放入喷枪内。

图 17-14 取少量色漆放入喷枪内

④ 用钳子将喷板夹住，然后用喷枪对喷板进行喷色漆，如图 17-15 所示。喷色漆时，要先雾喷 2 次，相隔 15min 或吹干后，再湿喷 1 次，色漆每次不可喷太厚。

图 17-15 试喷

7）如图 17-16 所示，观察喷板与原车漆面，然后重新测定颜色，如需再做进一步的微调，则要确定调整哪一个属性，如色相、色度还是色品；如果颜色已经吻合，准确记录调色配方，并保留喷好漆的色板以供以后参考使用。

图 17-16 重新测定颜色

8）色漆调整完成后，在容器盖上注明色漆的标记（以备喷漆使用），然后用盖子将盛色漆的容器进行密封处理，如图 17-17 所示。

图 17-17　盖好容器盖

9）如图 17-18 所示，将所有的色母和工具归位，清洁调漆车间，调色工作完成。

图 17-18　整理并清洁调漆车间

2. 电脑调色漆工艺

1）首先选出与被修复的车身最吻合的色卡。

2）输入色卡编号等信息，然后根据电脑提供的颜色配方选定所需要的漆种。

3）根据修补面积计算涂料总用量并输入电脑，电脑便会根据配方案给出各种成分的用量。

4）用电子秤量取各种色母及溶剂（图 17-19），并由混漆机将其调匀。

图 17-19　量取各种色母及溶剂

5）如图 17-20 所示，将调整好后的色漆进行试喷，对照车身颜色，确保准确无误后方可正式调配大量色漆。

图 17-20　对照车身颜色

习　题

一、填空题

1. 汽车用色漆时应从____________、____________、____________、____________等方面考虑。

2. 汽车面漆主要通过____________，它可以使汽车五颜六色，焕然一新。

3. 汽车清漆就是喷在汽车面漆表面的____________，也叫____________。

二、问答题

1. 颜色三属性是什么？

2. 视觉的三大要素是什么？

3. 三原色配合有哪些变化？

4. 调色基本步骤和方法是什么？

5. 如何进行手工调色？

6. 如何进行电脑调色？

项目十八　车身喷漆工艺

一、理论知识

1. 车身遮蔽材料

（1）胶带

1）胶带类型及特点　胶带的外形如图 18-1 所示。胶带类型主要有普通胶带和细胶带两种，主要特点如下：

① 普通胶带　普通胶带纸质较厚，目前市场上出售的普通胶带有宽度 3mm、6mm、12mm、18mm、24mm、36mm、48mm 和 72mm 等多种尺寸。

图 18-1　胶带的外形

② 细胶带　细胶带柔性好、较薄，并且专门的聚丙烯胶带底层允许粘贴在新喷的磁漆或清漆面上，不会留下痕迹。这种胶带具有防止溶剂浸透功能，有宽度 1.5mm、3mm、5mm、6mm、10mm、12mm 和 18mm 等多种尺寸。

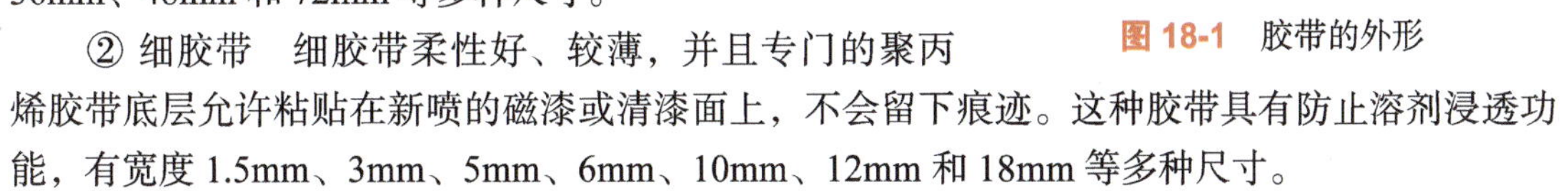

2）选择胶带的方法如下：

① 选择粘贴力强的胶带。

② 选择便于揭脱，揭掉后粘贴剂不残留的胶带。

③ 选择纸质要好，便于用手指切断的胶带。

（2）塑料薄膜

塑料薄膜有宽度 50cm、80cm、100cm 等多种规格，为卷状，可以装在专用的支架上，根据需要裁剪合适的长度。

（3）专用遮蔽纸

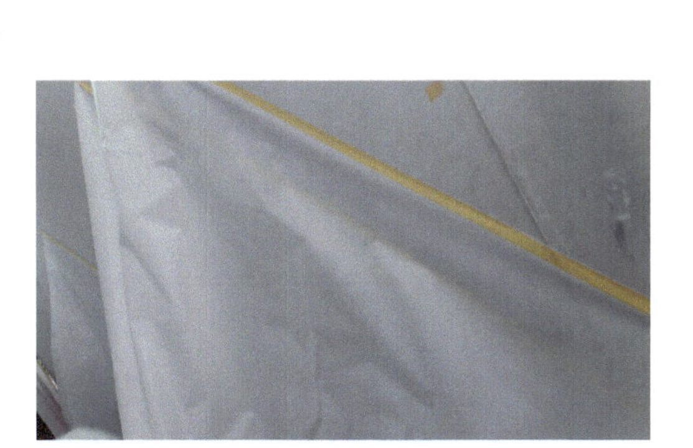

图 18-2　遮蔽纸

如图 18-2 所示，涂装专用遮蔽纸是一侧采用特殊材料处理，通常用树脂浸润，较光亮。通常应把光滑明亮的一侧朝外。涂装专用遮蔽纸有宽度 8cm、15cm、23cm、30cm、38cm、46cm、69cm 和 91cm 等几种。它具有较好的防渗透功能和防脏物功能，常用在车身喷底漆和车身喷面漆时的遮蔽。

2. 车身喷涂工艺

车身喷涂主要包括车顶、侧面、后盖、机舱盖及保险杠等部位，主要涂装工艺如下：

（1）车顶的喷涂工艺

在车顶与风窗玻璃、后窗交界处采用带状喷涂方法进行喷涂。首先从靠近喷漆工的车顶边缘开始喷涂，尽可能使喷枪与车顶表面距离保持在 15~20cm，从左到右，再从右到左进行喷涂，喷成中等湿度（每层走枪都是从车顶的边缘开始）。由于修补施工时多采用重力式或虹吸式喷枪，受喷枪杯的影响，喷枪的俯角受到一定限制（要尽可能保持垂直，不要把喷枪拿歪）。每层扇幅重叠覆盖 60%~70% 的方法从边缘向中心喷涂，一直喷涂到可以看见明显柔和的光泽时为止。

（2）侧面的喷涂工艺

如图 18-3 所示，用黏性抹布擦拭表面，备足面漆，由于汽车侧面较长，需要采用分段喷涂法。在适合于喷漆工走枪的距离处采用带状喷涂方法垂直喷涂一层，以此分隔成段。在这一段内从底部或顶部开始走两道枪，先从左到右，再从右到左，采用一道喷涂法继续喷涂下去。每一道枪之间扇幅覆盖 50%，直到这一段表面全部被喷涂覆盖完毕。接着转移到下一段，也是先采用带状喷涂方法垂直向下喷一枪，划出第二段。重复上述操作，喷涂第二段，如此重复直到该侧面全部喷涂完毕为止。

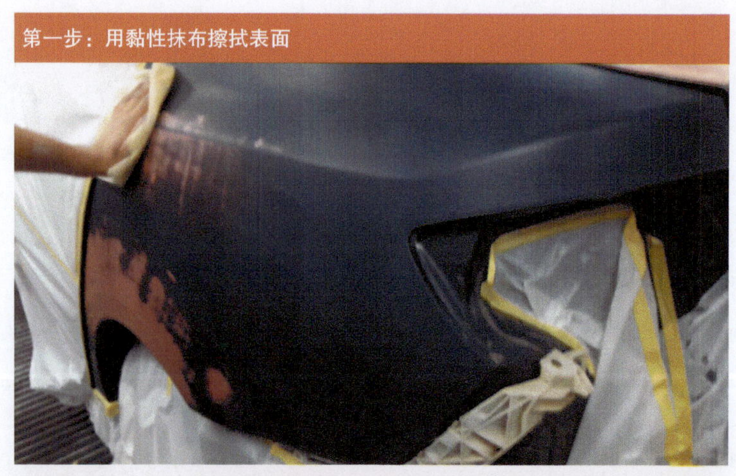

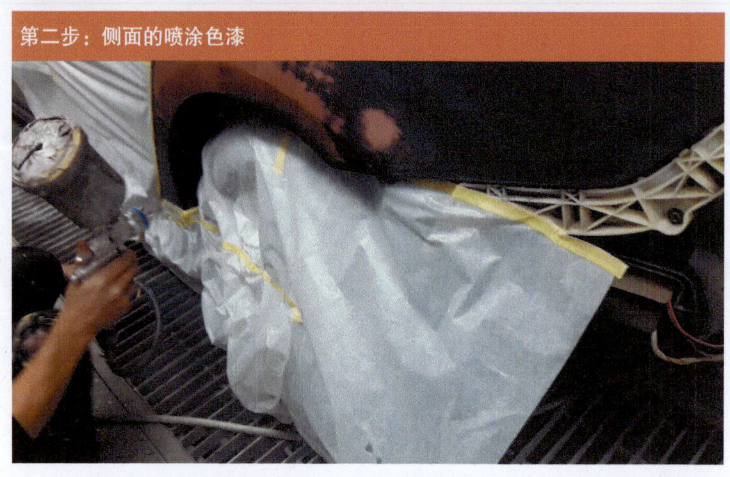

图 18-3 侧面的喷涂工艺

（3）后盖的喷涂工艺

如图 18-4 所示，用黏性抹布擦干净表面，要准备足够多的面漆，避免喷涂中途面漆用完而造成色差。采用带状喷涂方法，沿后窗玻璃的底边喷涂一遍，两层扇幅之间覆盖 60%~70%。随后换到另一边，从中心开始向边缘移动进行喷涂。在整个喷涂过程中，涂层要湿，走枪速度要快。每层扇幅的覆盖约 10cm。

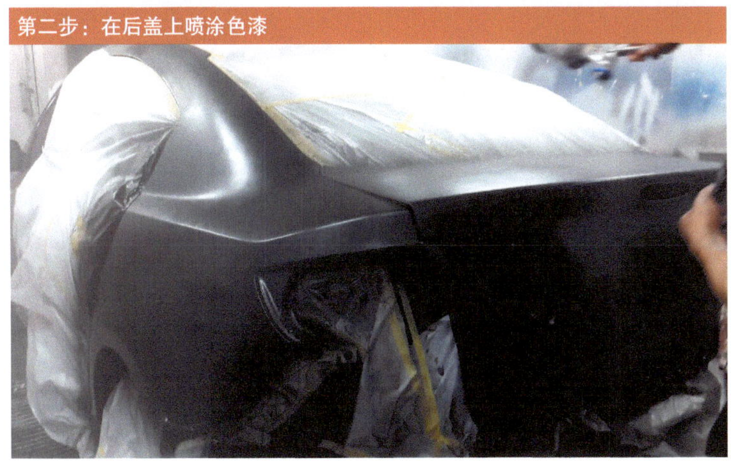

图 18-4 后盖的喷涂工艺

（4）机舱盖的喷涂工艺

首先用黏性抹布把表面擦拭干净。采用带状喷涂方法喷涂风窗玻璃与前盖交界处（在前盖边缘最好不要采用带状喷涂法），扇幅重叠覆盖 60%~70%。每层都从边缘到中心进行喷涂，随后另外一边从中心开始往边缘移动进行喷涂，每层扇幅的覆盖约 10cm。

（5）保险杠的喷涂工艺

如图 18-5 所示，首先用黏性抹布把表面擦拭干净，喷涂第一道面漆时宜少宜薄，如喷涂量过多过厚，稀释剂易将底漆咬起。喷涂时，喷枪与被涂面距离可适当远些，喷枪喷出扇面可适当调宽，重叠宽度为 1/2~1/3。喷涂第二道面漆时，可采用横喷，纵喷再横喷，使漆膜均匀，待漆膜完全干燥后，再喷涂 2~3 层清漆即可。

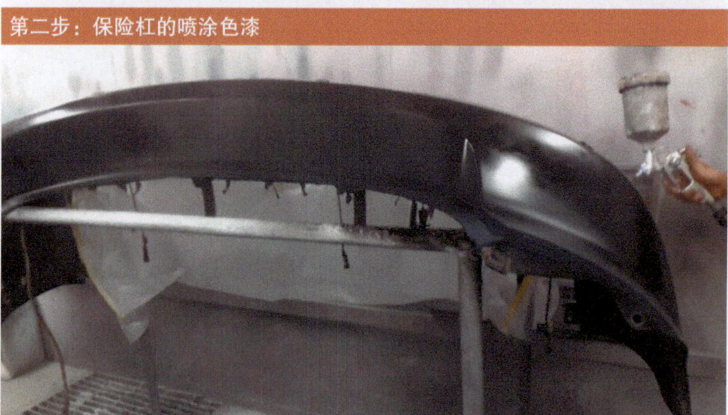

图 18-5 保险杠的喷涂工艺

二、技能演示

1. 喷漆房的清洁

打开喷漆房，然后使用压缩空气将喷漆房的墙面和地板上的灰尘吹干净，如图 18-6 所示。

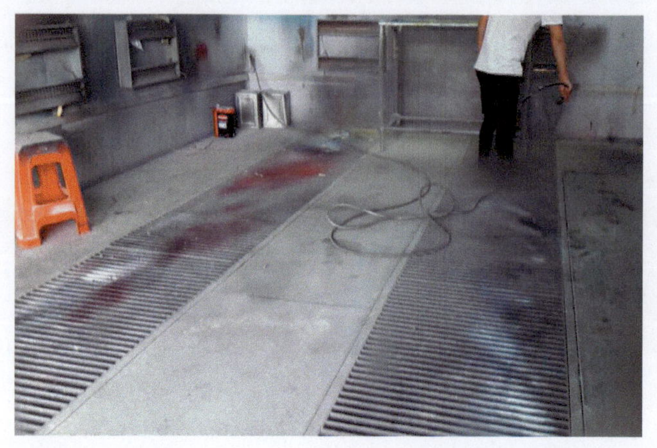

图 18-6 喷漆房的清洁

2. 车身的遮蔽

1）将汽车驶入喷漆房，然后可靠地将汽车停稳，如图 18-7 所示。

图 18-7 汽车停在喷漆房

2）如图 18-8 所示，使用压缩风枪将待喷漆区域的灰尘吹干净。

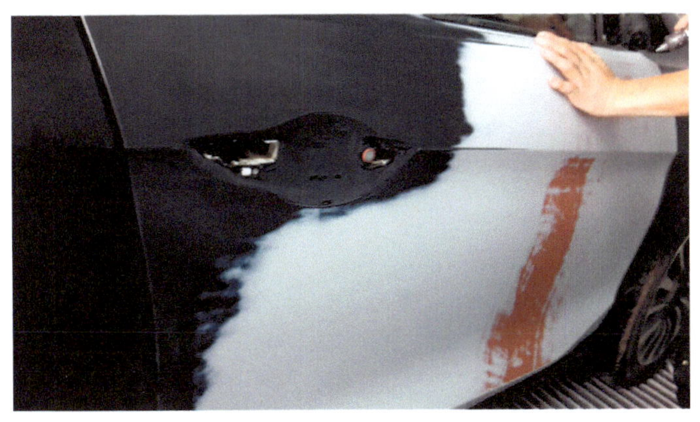

扫一扫 看视频

图 18-8 吹干净待喷漆区域

3）如图 18-9 所示，使用遮蔽纸及胶带将喷漆以外的部分遮蔽起来，避免喷漆时色漆飞溅在车身的其他表面。

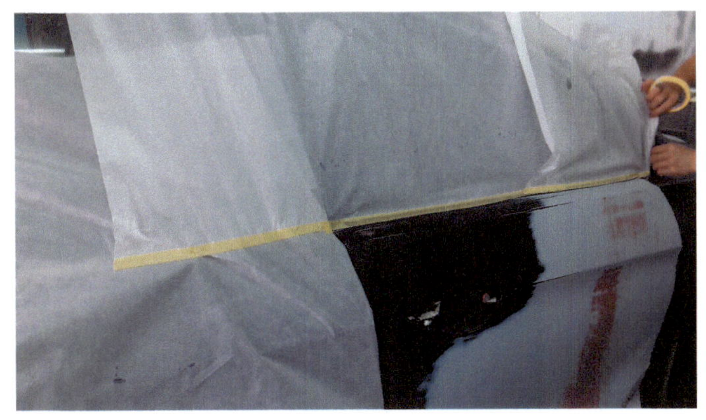

扫一扫 看视频

图 18-9 车身表面的遮蔽

3. 喷漆表面的除油

1）如图 18-10 所示，用蘸有除油剂的纸巾擦拭一遍车身表面，使表面湿润。

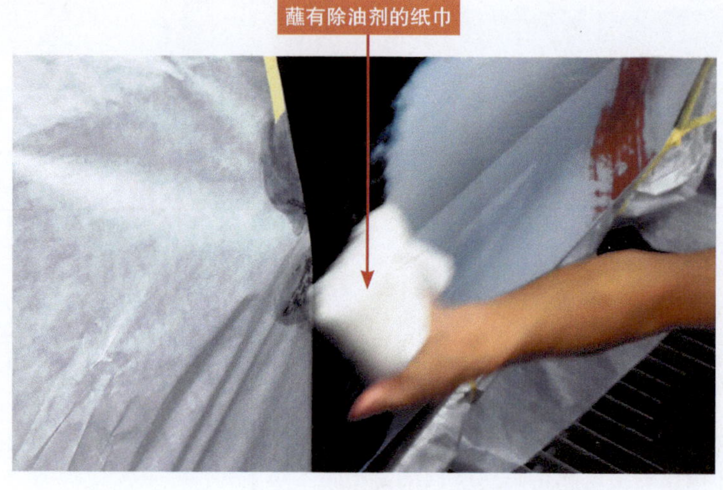

图 18-10 喷漆表面的除油

2）在喷色漆之前进行最后一道除尘。用粘尘纸除尘时，轻轻擦拭被喷漆表面的灰尘，如图 18-11 所示。

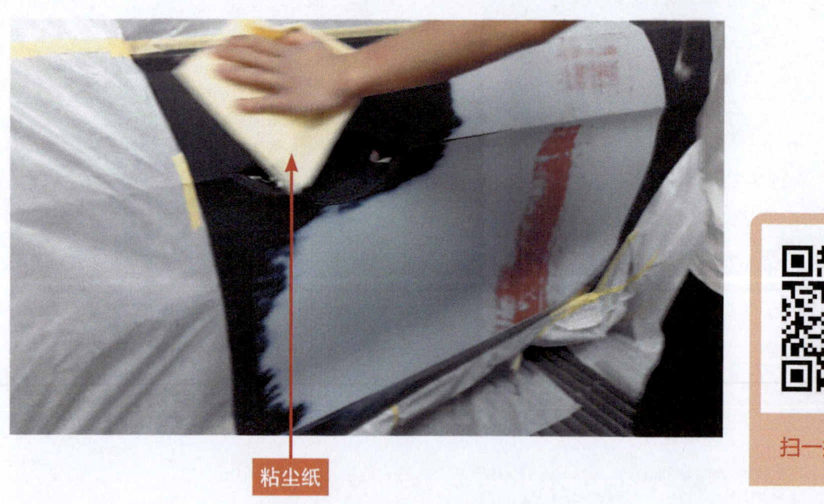

图 18-11 用粘尘纸除尘

4. 喷色漆工艺

1）如图 18-12 所示，将调好色的油漆按所需要的量取出，视需要加入固化剂并充分搅拌，最后再加入稀释剂调整黏度，一般黏度调整到 16~20Pa · s。

2）选取 180 号的涂料过滤纸过滤色漆，然后倒入喷枪，如图 18-13 所示。

3）如图 18-14 所示，将喷枪的盖子拧紧，避免喷漆时候色漆漏出。

4）如图 18-15 所示，找到喷漆房的控制面板，然后根据控制面板的功能来调整喷漆房的温度、通风、照明等功能。如打开喷漆房的喷漆开关，喷漆环境的温度一般调整在常温状态（20~25℃）；打开照明开关，喷漆房的灯光变亮等。

图 18-12　添加固化剂和稀释剂

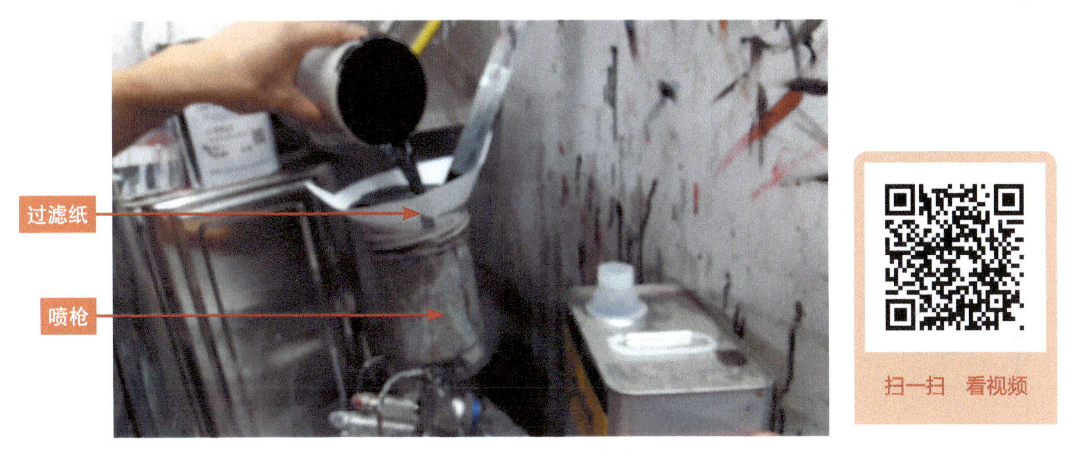

图 18-13　过滤色漆

图 18-14　拧紧喷枪盖子

图 18-15　喷漆房的控制面板

5）如图 18-16 所示，调整喷枪的压缩空气压力和雾束的大小，准备喷色漆作业。

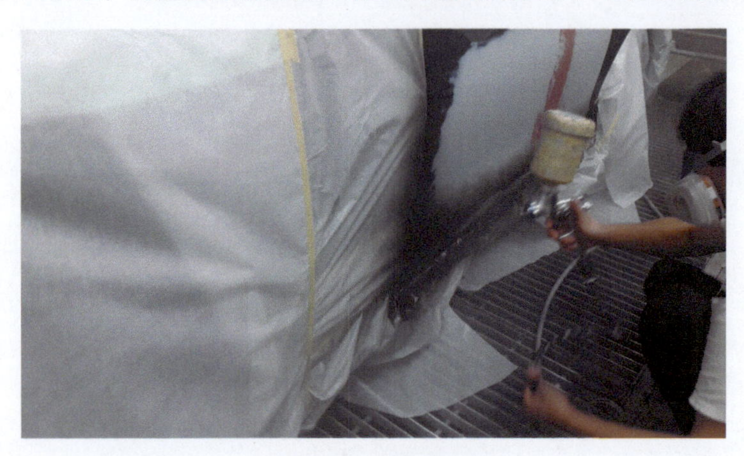

图 18-16　调整喷枪

6）如图 18-17 所示，用 200mm 的喷漆距离对喷漆表面进行薄喷漆，当漆层有少许光泽时停止喷漆，然后检查漆层表面有无缩孔。

注意：漆层表面如果有缩孔，应提高喷枪压力，用干喷法再次喷漆表面，以便吹除缩孔。

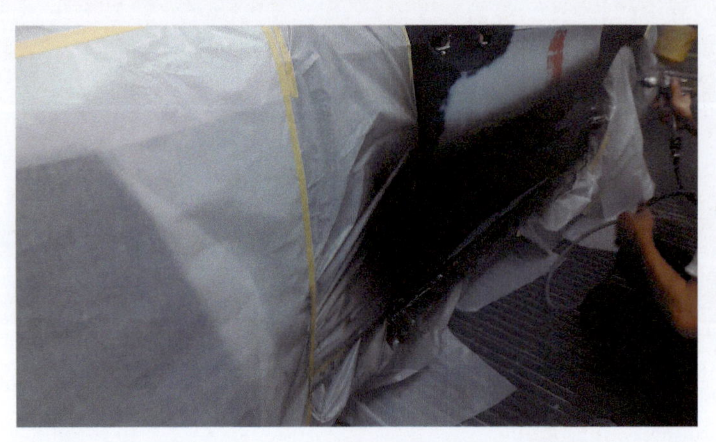

扫一扫　看视频

图 18-17　第一次喷色漆

7）第一次喷色漆后，等色漆闪干 6~10min，就可以进行第二次喷色漆，如图 18-18 所示。第二次喷色漆时将出漆量调节旋钮再退出一圈，喷枪距离改为 150mm 进行喷漆。

注意：如果第一次没有完全被遮盖，一般情况下只需要重喷暴露的面积。这时要减小喷漆压力和出漆量，喷枪要靠近一些，以防止相邻部位漆膜粗糙。第二次喷漆要求尽可能喷厚一些，但不能产生流挂。当第二次喷漆干 6~10min 后才能进行下一步——车身喷清漆。

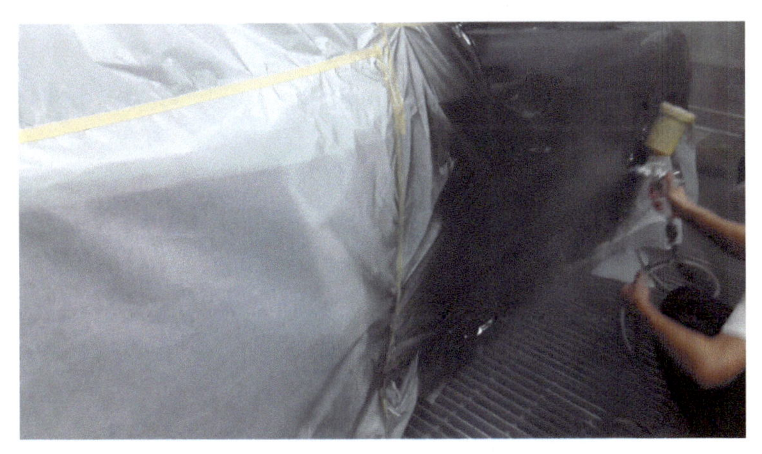

图 18-18 第二次喷色漆

5. 喷清漆工艺

1）如图 18-19 所示，用量杯或等同的工具量取清漆和干燥速度较慢的稀释剂，然后将它们加入到喷枪的涂料过滤纸中。

图 18-19 加入清漆和干燥速度较慢的稀释剂

2）如图 18-20 所示，用比例尺充分搅拌均匀清漆和稀释剂，黏度调整为 14~16Pa · s。

3）如图 18-21 所示，将喷枪盖子拧紧，避免喷漆时候清漆漏出。

4）适当减小喷枪压力，以与着色喷涂相同的方法进行喷清漆，如图 18-22 所示。

5）如图 18-23 所示，当车身面漆层干燥后，车身即可恢复光泽，最后将遮蔽纸撕开，喷漆完成。

图 18-20　搅拌清漆和稀释剂

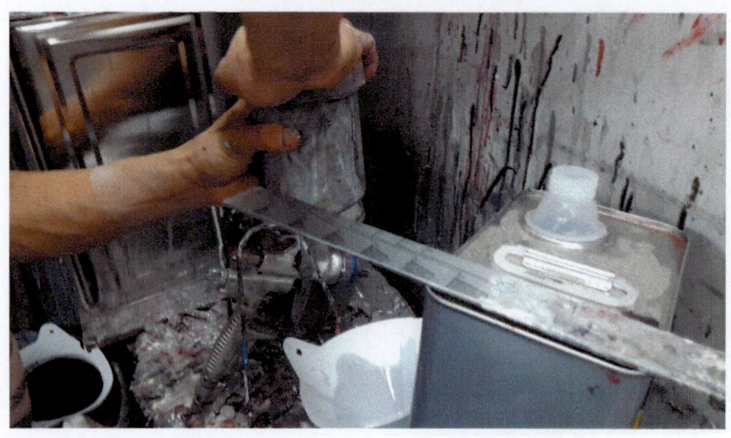

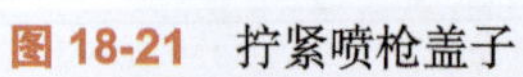
图 18-21　拧紧喷枪盖子

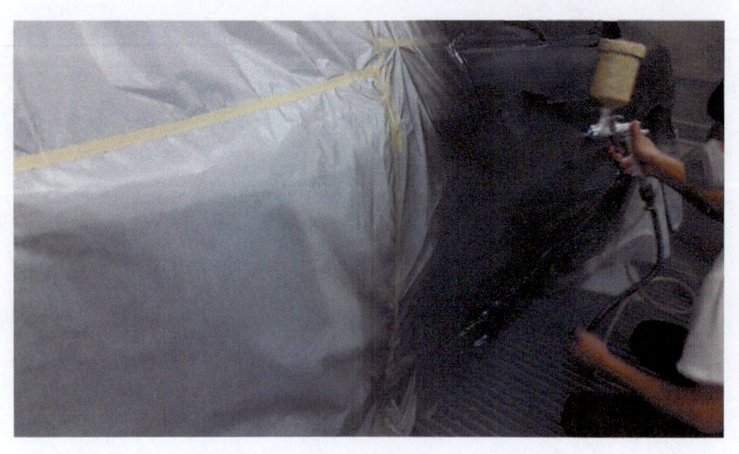

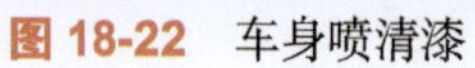
图 18-22　车身喷清漆

图 18-23 车身恢复光泽

习 题

一、填空题

1. 车身遮蔽材料包括________、________、________。

2. 面漆的整车喷涂主要包括________、________、________及其________喷涂工艺。

二、问答题

1 如何清洁喷漆房?

2. 如何遮蔽车身?

3. 喷漆表面的除油的方法是怎么样的?

4 如何喷色漆?

5. 如何喷清漆?

项目十九 面漆喷涂后涂膜的修整工艺

一、理论知识

1. 涂膜缺陷因素

涂膜缺陷因素包括面漆质量、喷涂工艺、干燥固化、操作方法、被喷涂钣金件表面状态、喷涂设备、喷涂环境等。

1）喷漆前待喷涂表面及烤漆房没有清洁干净。

2）油漆调制时或溶剂使用不当、或稀释剂不合适、用量不对，或油漆喷漆之前未搅拌均匀。

3）压缩空气的过滤器失效，喷漆时压缩空气里有水分等。

4）喷枪、气压、喷射方法（距离、半径等）不正确。

5）喷涂厚度不足或干燥时间过短等。

2. 涂膜缺陷的处理方法

（1）涂膜小凹坑处理方法

在面漆喷涂完毕后，涂膜上常常会有个别因喷涂表面清洁不净，留有油渍、汗渍等造成涂膜张力变化而形成的小凹坑，或是清除贴护时造成的小范围涂膜剥落等现象，对这些地方进行补漆操作时若缺陷位置不明显，一般不需要用喷枪，使用小毛笔或牙签等对凹陷部位进行填补。但如果缺陷部位非常明显或所处位置是车辆极需要涂膜完美的地方，如机舱盖或翼子板等，一般多需要采用点修补的方法来修理。而用牙签或小毛笔填补凹陷最好在涂膜未干时操作，如果涂膜已经干燥将会造成填补部位附着不良和颜色出现差异。

（2）涂膜流挂处理方法

在面漆喷涂完毕后，如果涂膜有流挂的缺陷，可在流挂的缺陷位置用刮刀薄薄地刮涂一层速干原子灰（目的避免用砂纸打磨流挂缺陷时留下砂纸痕），不要一次填得过厚，最多只能0.2mm，然后用水砂纸进行水磨，最后进行抛光即可恢复光泽。

二、技能演示

1. 涂膜小凹坑修复工艺

1）若面漆漆膜已经基本干燥，则用清洁剂对需要填补的区域进行清洁。如有必要，可用P800以上的细砂纸进行简单水磨（图19-1），但打磨区域切不可过大，只起提高附着能力的作用即可，然后用清洁剂清洁干净打磨区域。

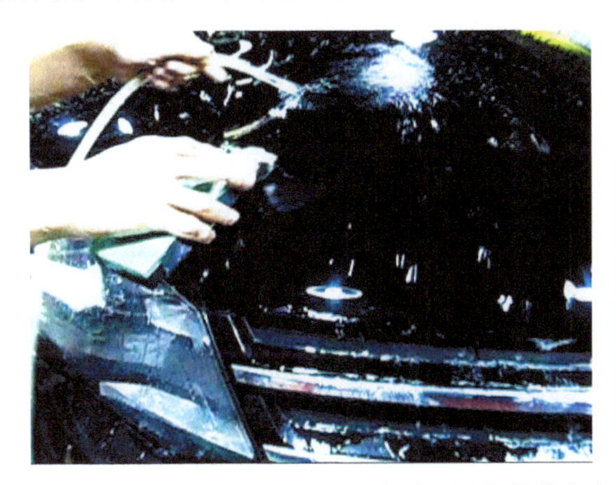

图 19-1 细砂纸进行简单水磨

2）如图 19-2 所示，用牙签或小毛笔蘸上少许色漆（为保证没有色差，最好用富余的色漆。若为双组分涂料，则必须添加固化剂），并迅速地滴到故障部位（鱼眼）或描绘于需要填补的部位。用另一支小毛笔蘸取少许清漆涂抹在修饰部位，以使修饰部位变得较为平整和光亮。

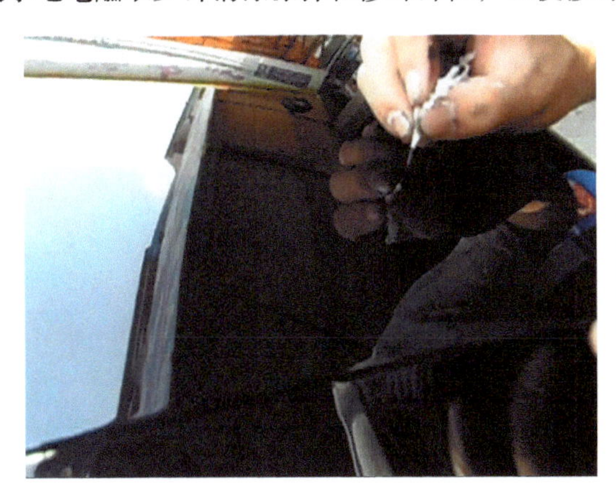

图 19-2 填补漆膜缺陷

3）如图 19-3 所示，待修补的色漆完全干燥后可以涂抹上抛光蜡。

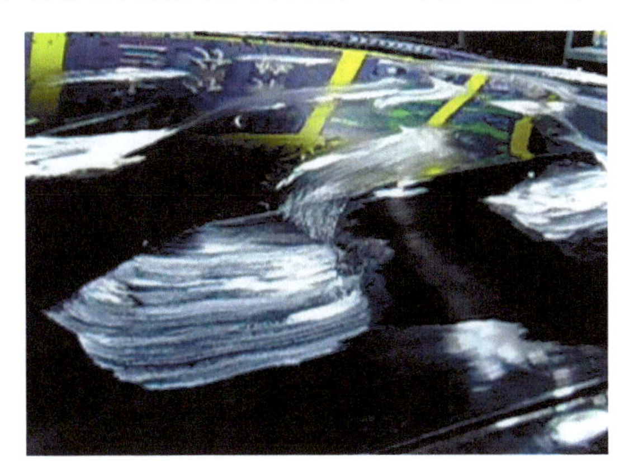

图 19-3 涂抹抛光蜡

4）如图 19-4 所示，用抛光机对漆面进行抛光，使其色漆恢复原来的光泽。

图 19-4 漆面抛光处理

2. 涂膜流挂修复工艺

1）如图 19-5 所示，用刮刀薄薄地刮涂一层速干原子灰（避免用砂纸打磨流挂缺陷时留下砂纸痕），不要一次填得过厚，最多只能 0.2mm。

图 19-5 刮涂一层速干原子灰

2）用砂纸包住打磨块，然后进行水磨，如图 19-6 所示。

图 19-6 水磨

3）继续水磨直到将速干原子灰完全打磨干净为止，然后换用一块细砂纸轻轻打磨一遍，如图 19-7 所示。

图 19-7 用细砂纸轻轻打磨

4）如图 19-8 所示，在缺陷表面涂抹少许抛光蜡。

图 19-8 涂抹少许抛光蜡

5）如图 19-9 所示，使抛光机的海绵轮保持与漆面相切，力度适中，转速保持在约 1800r/min 进行抛光，直到缺陷位置的漆面恢复光泽为止。

扫一扫 看视频

图 19-9 抛光缺陷表面

习　题

一、填空题

1. 导致漆膜缺陷因素包括________、________、________、________、________、________、________等因素有关。

2. 若缺陷位置不明显，一般不需要用喷枪，使用________对凹陷部位进行填补。

二、问答题

1. 简单介绍涂膜小凹坑修复工艺。

2. 简单介绍涂膜流挂修复工艺。

项目二十　仪表台的修复工艺

一、理论知识

1. 仪表台的特点

仪表台使用的是乙烯树脂人造革等软质材料，喷涂这些软质材料不能使用一般车用面漆和底漆，而必须使用专用皮革漆。用皮革漆的漆基为乙烯树脂，所以又称为乙烯漆。在喷涂汽车仪表台时，可以采用单独的乙烯漆，也可以将乙烯漆和丙烯酸面漆按一定的比例混合使用。

2. 仪表台的喷涂方法

1）用塑料清洁剂将需要喷涂的部位仔细清洁。

2）如图 20-1 所示，仔细遮盖不必喷涂的部位，确保没有疏漏的地方。

图 20-1　仔细遮盖不须喷涂的部位

3）将喷枪气压调整得略低一些，喷幅调小，首先对边角等部位进行喷涂，如图 20-2 所示。边角等比较难处理的地方都喷涂过一遍之后，将喷枪调整到正常的喷涂方式，对仪表台湿喷两层，喷幅的重叠程度以 2/3 为宜，两层的间隔时间以第一涂层稍稍干燥即可。

4）两道湿喷完成后，用稀释剂以 200% 的比例稀释乙烯涂料，再薄喷一层，充分润湿仪表台表面，以获得一致的外观，如图 20-3 所示。

5）干燥 1h 后即可去除遮蔽纸，如图 20-4 所示。

图 20-2 第一次喷涂操作

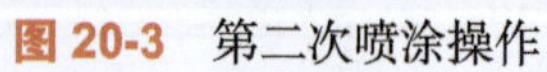

图 20-3 第二次喷涂操作

图 20-4 去除遮蔽纸

二、技能演示

1. 操作准备

将乙烯漆和丙烯酸面漆按一定的比例混合来调配仪表台的色漆。当调出色漆颜色与原色吻合度达到 90%时，将所调的色漆进行试喷（图 20-5），如果发现所调的色漆与原仪表台颜色不一致时，则需要进行微调，直到所调的色漆与原仪表台颜色一致为止。

图 20-5　试喷涂料

2. 修复工艺

1）首先从仪表台框上拆下仪表台，然后用砂纸将仪表台损坏处用砂纸轻轻打磨一遍，如图 20-6 所示。

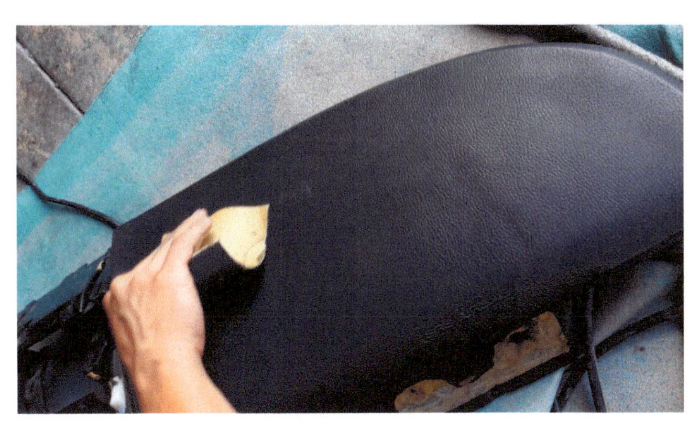

图 20-6　轻轻打磨仪表台的痕迹

2）用漆面清洁剂充分清洁干净仪表台。

3）吹除所有缝隙中的灰尘，用黏性布擦拭仪表台。

4）喷漆时，以低气压和较小的喷射直径喷涂仪表台的痕迹，如图 20-7 所示。喷涂时，从仪表台一侧由中心开始向另一侧喷涂湿涂层，使每个行程与上一行程有 50%左右的重叠，以保持漆层湿润。

图 20-7 喷涂仪表台

5）喷涂第二层色漆，以便完全遮盖仪表台刮痕表面，如图 20-8 所示。

图 20-8 完全遮盖刮痕

6）经 1h 干燥后，将修复后的仪表台重新安装到仪表台框内（图 20-9）即可投入使用。

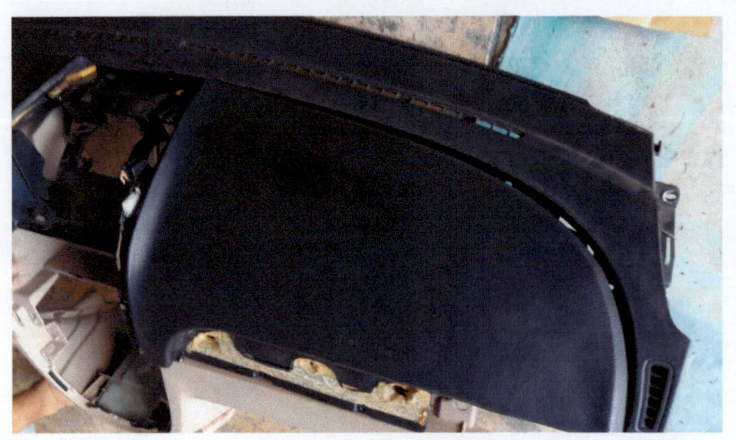

扫一扫 看视频

图 20-9 安装好仪表台到仪表台框内

习 题

一、填空题

1. 仪表台使用的是____________________________________材料。

2. 在喷涂汽车仪表台时，可以采用____________，也可以将______________。

二、问答题

1. 仪表台的喷涂方法是什么?

2. 仪表台的喷漆涂料怎样调制?

3. 仪表台损坏的修复工艺是怎样的?

项目二十一 内饰塑料件的修复工艺

一、理论知识

1. 内饰塑料件的修复原则

修复内饰塑料件时，先要对损坏的部位进行评估，确定该零部件应维修还是更换：如果在弧形接板或大的内饰塑料件上有小的裂缝、撕裂或孔，而这些部件又难以更换或更换成本较高，则进行维修；如果部件大面积损坏且内饰塑料件不贵的部件损坏，则进行更换，这样既美观又实惠。

2. 内饰塑料件修复的方法

内饰塑料件维修比更换更经济、快捷，甚至可以在不拆卸部件的情况下对擦伤、起皮皱褶（图 21-1）、裂缝或刺穿等损伤部位进行有效的维修。如图 21-2 所示，一些内饰塑料件在变形之后可以通过热风枪加热校正使其重新修整回原来的形状；甚至有一些内饰塑料件可以通过将损坏部位进行打磨整平，然后在其表面喷一层与内饰塑料件表面相同的色漆进行修复。

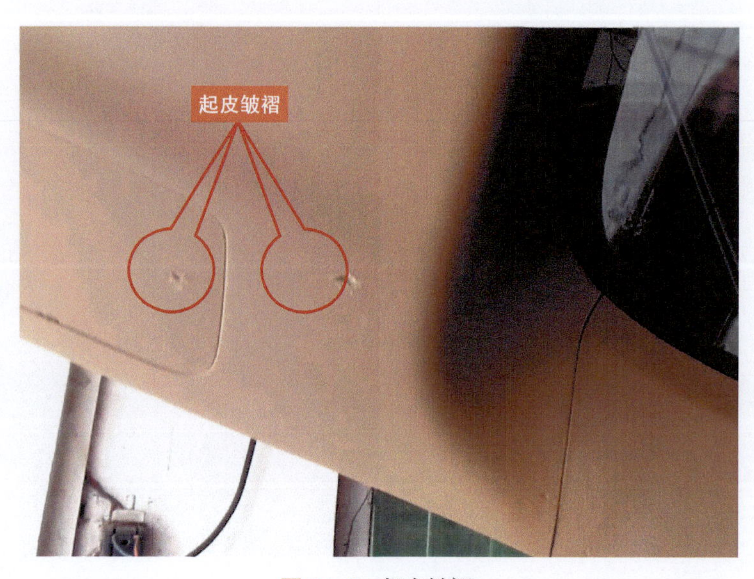

图 21-1 起皮皱褶

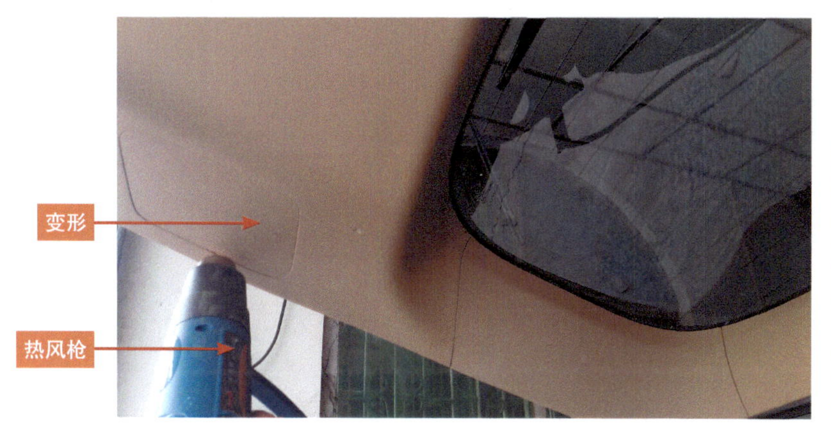

图 21-2　加热矫正

二、技能演示

1. 操作准备

准备好粗砂纸、细砂纸和 502 胶水（图 21-3）、胶带、遮蔽纸（图 21-4）、喷枪及色漆等材料和工具。

图 21-3　细砂纸和 502 胶水

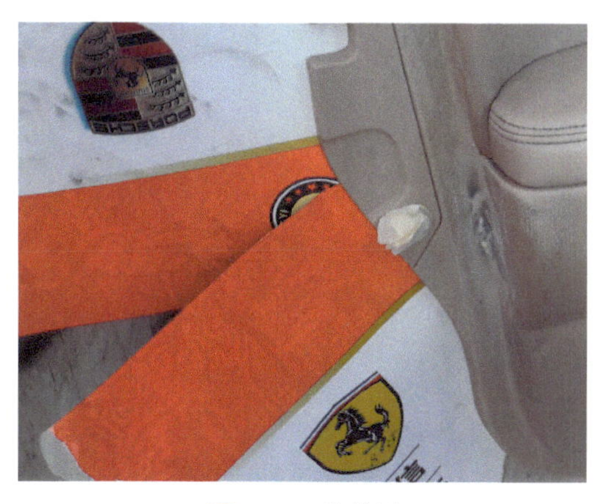

图 21-4　遮蔽纸

2. 修复工艺

1）首先在内饰塑料件损坏的部位用粗砂纸打磨整平，如图 21-5 所示。打磨时，要适当施加压力，直到将其磨到见底层，外围形成羽毛状为止，如图 21-6 所示。

2）如图 21-7 所示，换用细砂纸继续打磨，然后在损坏的部位滴上几滴 502 胶水（502 胶水增加损坏部位的硬度），最后将损坏区域打磨光滑即可。

3）如图 21-8 所示，用遮蔽纸将损坏区域外的周围遮蔽起来，避免喷色漆时飞溅到其他内饰板上造成清理困难。

4）如图 21-9 所示，根据内饰板的颜色来调色漆。当调出色漆颜色与原色吻合度达到 90% 时，将所调的色漆进行试喷，如果发现所调的色漆与原内饰板颜色不一致时，则需要进行微调，直到所调的色漆与原内饰板颜色一致为止。

图 21-5　用粗砂纸打磨整平

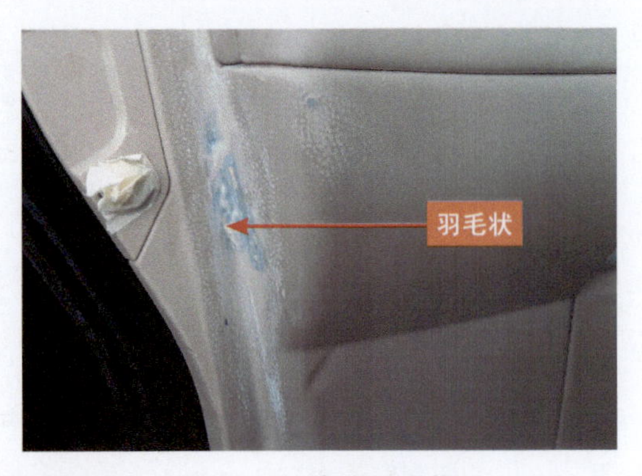

图 21-6　磨出羽毛状

第二步：滴上几滴 502 胶水

502 胶水

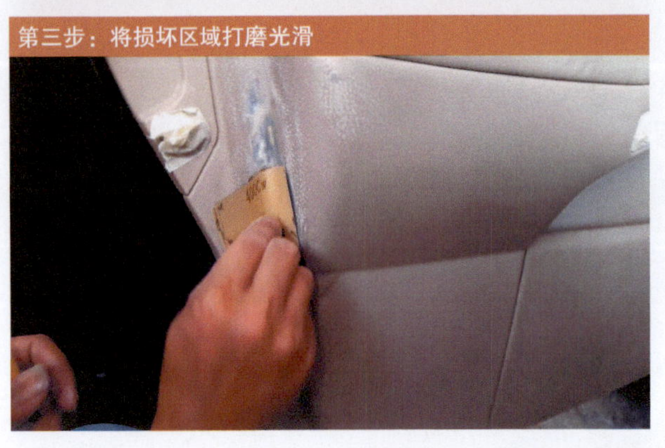

图 21-7　用细砂纸打磨

图 21-8　遮蔽处理

图 21-9　调色漆

5）如图 21-10 所示，用喷枪来回均匀地喷上色漆使其遮盖住内饰塑料件损坏的表面。操作时，右手拿喷枪喷色漆，左手拿一块遮蔽纸，避免喷色漆时色漆飞溅。喷完色漆后，让其自然干燥 1h 左右即可恢复原状，如图 21-11 所示。

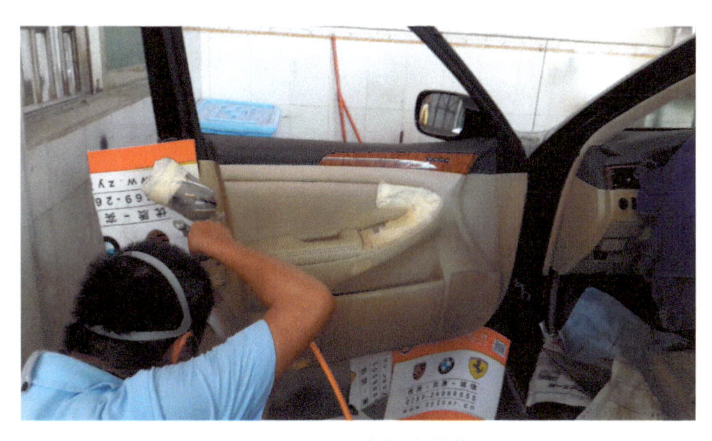

图 21-10　喷色漆操作

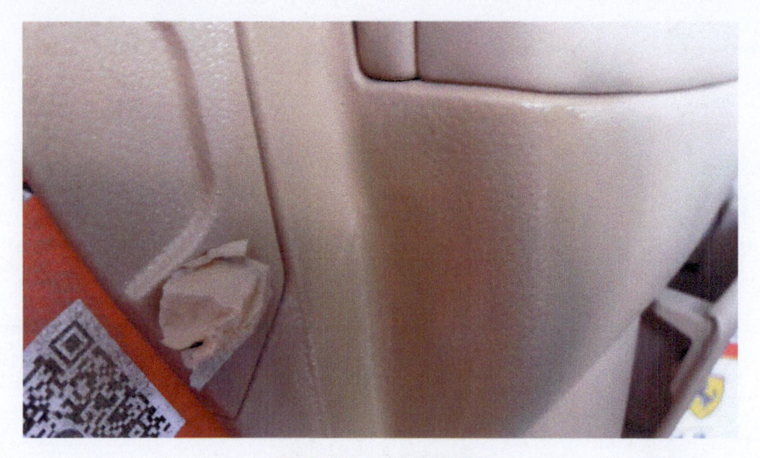

图 21-11　喷完色漆

习　题

问答题

1. 内饰塑料件的修复原则是什么？

2. 内饰塑料件变形用什么方法修复？

3. 内饰塑料件的修复工艺是什么？

项目二十二 车身装饰件的修复工艺

一、理论知识

1. 车身装饰件的修复原则

修复车身装饰件时，先要对损坏的部位进行评估，确定该零部件应维修还是更换：如果在弧形接板或大的车身装饰件上有小的裂缝、撕裂或孔，则可以进行维修；如果部件大面积损坏且车身装饰件不贵的部件损坏，则进行更换，这样既美观又实惠。

2. 车身装饰件修复的方法

车身装饰件的维修比更换更经济、快捷，甚至可以在不拆卸部件的情况下对擦伤、起皮皱褶等损伤部位进行有效的维修；一些车身装饰件在变形之后可以通过热风枪加热矫正使其重新修整回原来的形状；甚至有一些车身装饰件可以通过将损坏部位进行打磨整平，然后在其表面喷一层与车身装饰件表面相同的色漆进行修复。

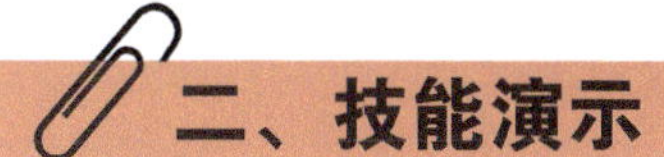

二、技能演示

1. 操作准备

准备好色漆材料，然后根据车身装饰件的颜色来调色漆（图 22-1），最后将其倒入喷枪内。

图 22-1　准备色漆

2. 修复工艺

1）首先使用细砂纸将车窗外饰板的刮痕打磨光滑，然后将粉尘清洁干净，最后在车窗外饰板周围贴上遮蔽纸（图 22-2），主要避免喷色漆时将玻璃弄脏。

图 22-2 刮痕打磨平整

2）如图 22-3 所示，使用喷枪来回均匀地喷上色漆，使其遮盖住车窗外饰板的表面。

图 22-3 喷上色漆

3）如图 22-4 所示，等待 3~5min 让色漆干燥后，在其表面再次喷上一层增亮剂。

图 22-4 再次喷上一层增亮剂

4）当车窗外饰板表面完全干燥后，撕开遮蔽纸，车窗外饰板将会变得亮丽如新，如图 22-5 所示。

图 22-5　车窗外饰板翻新效果

习　题

问答题

1. 车窗外饰板的修复原则是什么？

2. 车窗外饰板变形用什么方法修复？

3. 车窗外饰板的修复工艺是什么？

项目二十三 轮辋的修复工艺

一、理论知识

1. 轮辋的结构特点

轮辋主要用来安装轮胎，结构如图 23-1 所示。

图 23-1 轮辋的结构

2. 轮辋的修复设备

（1）轮辋校正修复机

轮辋校正修复机主要用来校正和修复各类钢质、铝质和铝合金等材质的轮辋，如图 23-2 所示，轮辋校正修复机主要通过挤压轮辋受损部位，使其恢复原型。该设备配有一整套各类型的成形顶压头，使其能够恰当地顶在轮辋侧面，进行修复，同时还具有车削功能，在车

图 23-2 轮辋校正修复机

轮校直操作后，可以修复轮辋突起部位。

（2）喷砂机

1）喷砂机结构特点　喷砂机由压力罐、压缩空气系统、管路系统、控制系统组成。喷砂机以压缩空气为动力，通过压缩空气在压力罐内建立工作压力，将磨料通过出砂阀压入输砂管并经喷嘴射出，喷射到轮辋表面进行磨砂。在喷砂机中，压缩空气既是供料动力又是射流的加速动力。喷砂机类型比较多，但基本结构相同，如图 23-3 所示。

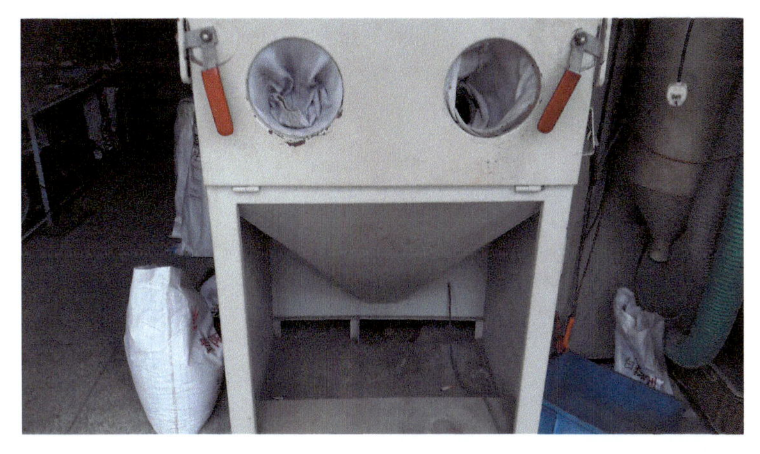

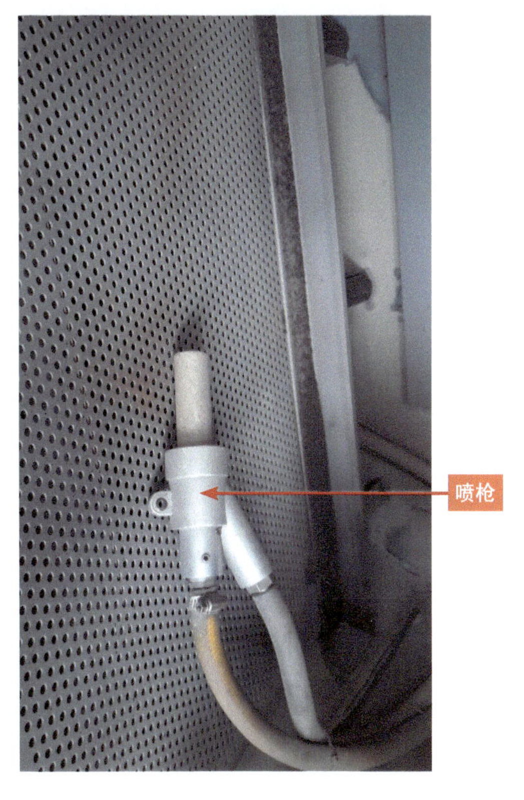

图 23-3　喷砂机

2）喷砂机的操作方法如下：

① 打开喷砂机的主进气阀。

② 打开喷砂机腔体的门，将需要喷砂的轮辋放在喷砂机内的铁架上，关上喷砂机的门。

③ 打开喷砂机的主电源，打开喷砂机腔体内的日光灯，打开集尘设备电源，打开喷枪电源，使所有开关处于 ON 位。

④ 检查喷枪、喷砂管、气体管有无破损，日光灯是否完好，视窗镜是否明亮，集尘设备是否工作正常，喷砂口是否完好，一切正常后方可喷砂。

⑤ 调节喷砂管路的压力开关，使压力为 400kPa。

⑥ 戴上橡胶手套和口罩，将手放进喷砂机内，一只手拿着喷枪，另一只手扶着所要喷的轮辋，用脚踏一下踏板，看喷出砂的力量，出砂有力，脚可以一直踏着踏板，喷砂开始。

⑦ 当所喷轮辋上表面被喷干净后，打开喷腔体的后门，将轮辋翻个面继续喷砂。当轮辋表面都喷干净时，将所喷轮辋取出。

⑧ 关闭喷砂机喷枪气源，关闭喷砂机日光灯、集尘设备、气体阀门和气体总阀。

二、技能演示

1. 操作准备

拆卸轮毂时需要拆卸轮胎，拆卸轮胎的方法如下：

1）首先将轮胎放气，然后在扒胎机上使用分离铲将外侧轮胎与轮辋松开；将轮胎换过一面，然后将内侧轮胎与轮辋松开，如图 23-4 所示。

注意：分离轮胎时，要尽量避开气门嘴位置。

图 23-4 分离轮胎与轮辋

2）如图 23-5 所示，将轮胎放在扒胎机的工作台上，然后操作脚踏开关，将车轮夹紧在扒胎机工作台上。

3）操作脚踏开关，使拆装器抵触轮辋边沿，用撬杠将轮胎凸缘撬起并滑抬至拆装器的拆卸凸块之上、滑轨之下，如图 23-6 所示。

4）如图 23-7 所示，踏下转动开关，转盘将带动轮胎旋转，拆装器便能自如地将外侧轮胎从轮辋上卸下。

图 23-5　轮胎夹紧在扒胎机上

图 23-6　安装拆装器

图 23-7　从轮辋上卸下外侧轮胎

5）外侧轮胎卸下后，将内侧轮胎滑抬至拆装器的拆卸凸块之上、滑轨之下。按同样的方法可将内侧轮胎从轮辋中卸下，如图 23-8 所示。

图 23-8　从轮辋上卸下内侧轮胎

6）图 23-9 所示为取下轮胎后的轮辋。操作脚踏开关，将轮辋从扒胎机工作台上松开即可拿下轮辋。

图 23-9　轮辋

2. 轮辋修复工艺流程

（1）轮辋变形的修复

1）如图 23-10 所示，确定轮辋变形量，然后确定轮辋的校正方法。

图 23-10　轮辋变形量

2）将轮辋安装到轮辋校正修复机上，如图 23-11 所示。

图 23-11　安装轮辋到轮辋校正修复机

3）如图 23-12 所示，使用轮辋校正修复机的液压部件校正轮辋，直到它恢复原状。

图 23-12　校正轮辋

4）从轮辋校正修复机上拆下轮辋，如图 23-13 所示。

图 23-13　拆下轮辋

5）如图 23-14 所示，将轮辋放在喷砂机内的铁架上，然后关上喷砂机的门。

图 23-14　将轮辋放在喷砂机内的铁架上

6）将手放进喷砂机内，一只手拿着喷枪，另一只手扶着要喷的轮辋，用脚踏一下踏板，看喷出砂的力量，当出砂有力，脚可以一直踏着踏板，喷砂开始，如图 23-15 所示。

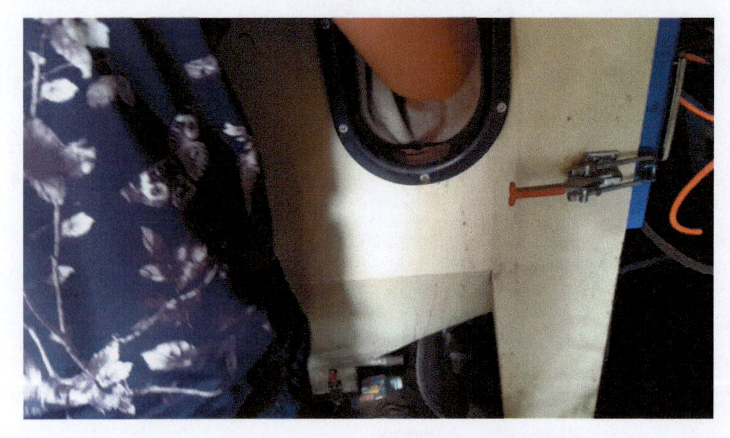

图 23-15　喷砂开始

7）从喷砂机的铁架上取出轮毂。喷砂完成后的轮毂如图 23-16 所示，然后准备进行水磨。

图 23-16　喷砂完后的轮毂

8）如图 23-17 所示，用砂纸将整个轮辋表面进行水磨，直到磨成亚光为止。

图 23-17　进行水磨轮辋表面

9）如图 23-18 所示，将轮辋放在喷漆间的铁架上，让其自然晾干。

图 23-18　轮辋放在喷漆间的铁架上

10）用压缩风枪将轮辋表面的粉尘及脏污吹干净，如图 23-19 所示。

图 23-19　清洁轮辋表面

11）准备好喷枪，然后在喷枪内倒入稀释剂，将喷枪内残余的轮辋色漆清洗干净，如图 23-20 所示。

图 23-20　将喷枪内残余的轮辋色漆清洗干净

12）如图 23-21 所示，将调配好的轮辋色漆倒入专用的喷枪中。

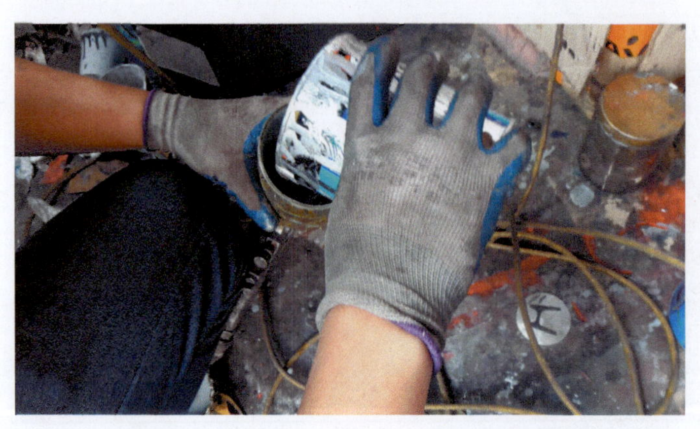

图 23-21　准备好色漆

13）调整好喷枪雾化，然后在轮辋表面一次性均匀的喷涂色漆（图 23-22），一般喷涂两道色漆即可。

图 23-22　喷涂色漆

14）将喷好的轮辋放进烤箱中，温度控制在100℃，烘烤60min即可。如果没有烤箱，让其自然干燥后即可恢复原来的光亮，如图23-23所示。如有必要，可以用高速抛光机倒入少许的微晶抛光釉抛光一遍即可。

图23-23　自然干燥后的效果

（2）轮辋有缺口的修复

1）将轮辋捶打修圆，然后用铝焊进行补缺，如图23-24所示。

2）用砂轮机将铝焊补缺的位置打磨平整。

3）将轮辋安装到轮辋校正修复机上，然后检查轮辋参数是否正常，如果不正常，则需要重新校正。最后采用前面“（1）轮辋变形的修复的5）~14）”步骤喷漆修复即可。

图23-24　铝焊补缺

习　题

一、填空题

1. 轮辋主要用来安装________，它由________、________及________等组成。

2. 轮辋校正修复机主要________________、________________。

3. 喷砂机一般由________、________、________、________组成。

二、问答题

1. 喷砂机的操作方法是什么?

2. 拆卸轮胎的方法是什么?

3. 如何修复轮辋变形?

4. 轮辋有缺口的修复过程是怎样的?

参考文献

[1] 顾平林，冯小青 . 汽车碰撞钣金修复技巧与实例 [M]. 4 版 . 北京：机械工业出版社，2015.
[2] 吴兴敏 . 汽车车身结构与维修 [M]. 西安：西安电子科技大学出版社，2006.
[3] 陈志 . 车辆尾部碰撞修复浅谈 [J]. 汽车维修与保养，2007(7):69-70.
[4] 戴耀辉 . 轿车车身修理与涂装技术培训教程 [M]. 北京：机械工业出版社，2003.
[5] 程玉光 . 机动车维修车身涂装人员岗位技能训练 [M]. 北京：机械工业出版社，2006.
[6] 张湘衡 . 汽车车身碰撞修复 [M]. 沈阳：辽宁科学技术出版社，2011.
[7] 杨永海 . 汽车车身构造与修复技术 [M]. 济南：山东科学技术出版社，2007.
[8] 尹根雄，彭常青 . 汽车油漆调色技术教程 [M]. 3 版 . 北京：机械工业出版社，2015.

读者沟通卡

一、申请课件

本书附赠教学课件和习题答案供任课教师采用，可在机械工业出版社教育服务网（www.cmpedu.com）注册后免费下载；也可扫描二维码关注“爱车邦”微信订阅号获取课件。

<table>
<tr><td>
爱车邦</td><td>免费下载　教学课件、学习视频、海量学习资料
☆扫描二维码，关注“爱车邦”
☆点击“粉丝互动”→“视频课件”</td></tr>
</table>

二、机工汽车教师服务群

任课教师可加入“机工汽车教师服务群”，与教材主编、编辑直接沟通交流。“机工汽车教师服务群”提供最新教材信息、教材特色介绍、专业教材推荐、样书申请、出版合作等服务。

QQ 群号码：633529383，本群实行实名制，请任课教师以“院校名称 + 姓名”的方式申请加入。

三、微信购书

<table>
<tr><td>
汽修邦</td><td>关注微信订阅号“汽修邦”，可直达机工社旗下网络购书平台“汽车书院”，第一时间购买新书，获取新鲜实用的维修资讯。</td></tr>
</table>

四、意见反馈和编写合作

联 系 人：谢元

电　　话：010-88379349

电子信箱：22625793@qq.com

地　　址：北京市西城区百万庄大街 22 号汽车分社

邮　　编：100037